하나 바이블

The Kingdom of God in the Bible
하나 바이블은 성경 속에서 하나님 나라를 배우는 책입니다.
왕관은 하나님의 통치, 길은 하나님 나라 백성의 삶을 의미합니다.

교회용

유년부
3과정·1학기
학생용

"하나님 나라의
전파"

하나 바이블

대한예수교장로회총회

하나 바이블

The Kingdom of God in the Bible
하나 바이블은 성경 속에서 하나님 나라를 배우는 책입니다.
왕관은 하나님의 통치, 길은 하나님 나라 백성의 삶을 의미합니다.

교회용

유년부
3과정·1학기
학생용

"하나님 나라의 전파"

하나 바이블

대한예수교장로회총회

유년부 3과정 1학기

1단원 예수님의 명령대로 전파되는 하나님 나라

2단원 하나님의 말씀대로 전파되는 하나님 나라

3단원 땅끝을 향해 전파되는 하나님 나라

4단원 오직 믿음으로 전파되는 하나님 나라

5단원 교회 공동체를 통해 나타나는 하나님 나라

6단원 하나님 나라 백성의 모습

절기& 특별공과

1과

사도행전 1장 3-11절

예수님은 제자들에게 무엇을 명령하셨나요?

외울말씀 | 사도행전 1장 8절

오직 성령이 너희에게 임하시면 너희가 권능을 받고 예루살렘과 온 유대와 사마리아와 땅 끝까지 이르러 내 증인이 되리라 하시니라

암송카드 요절챈트♪

기억하기 예루살렘에서 아주 놀랍고 특별한 일이 일어났어요. 기자가 되어 빈칸에 들어갈 알맞은 말을 보기에서 찾아 신문 기사를 완성해 보세요.

예루살렘 소식

제1호

예수님이 다시 사신 지 40일째 되는 날

다시 사신 예수님, 특별한 것을 약속하시다

부활하신 예수님은 (　　　)일 동안 제자들과 함께 계시며 (　　　　)에 대해 가르쳐 주셨어요(3절). 그리고 예루살렘을 떠나지 말고 약속하신 것을 기다리면 (　　　)으로 세례를 받으리라고 말씀하셨어요(5절).

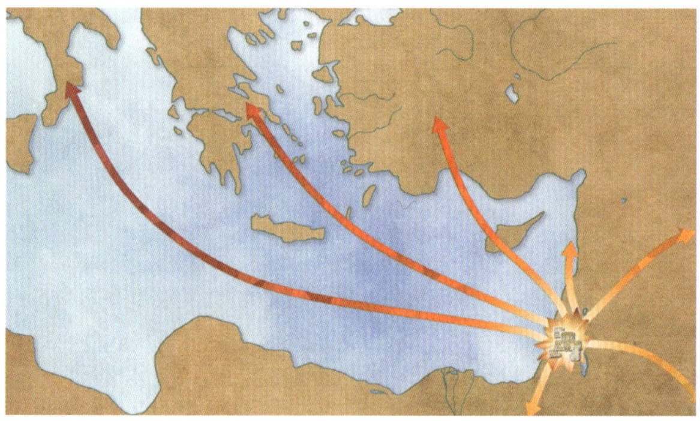

하늘에 오르신 예수님, '하나님 나라'에 대한 명령을 남기시다

예수님은 성령이 임하시면 예루살렘과 온 유대와 땅 끝까지 이르러 내 (　　　)이 되리라고 말씀하셨어요(8절).

★ 힌트 : 하나님 나라 / 40 / 증인 / 성령

핵심문장 예수님은 제자들에게 하나님 나라 전파를 명령하셨어요.

실천하기

예수님의 제자는 성령님이 주신 능력으로 하나님 나라를 전파해요!
'하나님 나라 증인 결심 액자'를 만들고, 일주일 동안 성령님과 함께 하나님 나라의 증인으로 살기를 결심해요!

하나님 나라 증인 결심 액자

1. 부록에서 '하나님 나라 증인 결심 액자'를 뜯어요.
2. 하나님 나라 증인으로서 실천할 것들을 부록의 스티커에서 골라 '하나님 나라 증인의 일주일'에 붙여요.
3. 결심 문장 빈칸에 자신의 이름을 적어요.
4. 접는 선을 따라 순서대로 접고, 붙이는 부분을 풀칠해 붙여서 결심 액자를 완성해요.
5. 완성된 결심 액자를 잘 보이는 곳에 두고, 일주일 동안 하나님 나라의 증인의 삶을 실천한 뒤 체크해요.

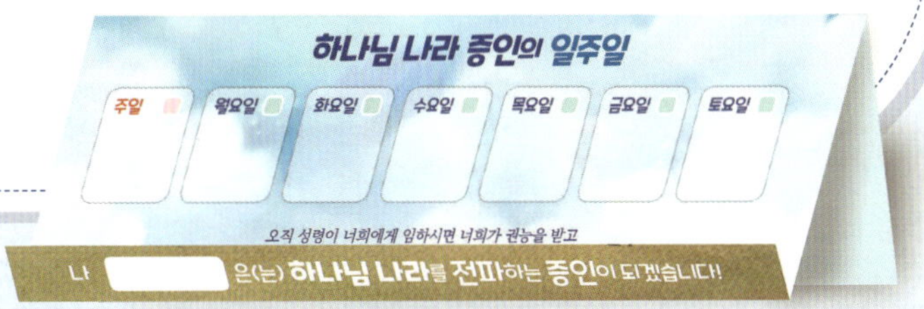

함께 외쳐요! 하나님 나라를 전파하는 증인이 되자!

교회가 해야 할 일은 무엇인가요?

외울말씀 | 사도행전 2장 47절
하나님을 찬미하며 또 온 백성에게 칭송을 받으니 주께서 구원 받는 사람을 날마다 더하게 하시니라

암송카드

기억하기 성령을 받은 예루살렘교회는 어떤 모습이었는지 핵심 단어에서 빈칸에 들어갈 알맞은 말을 찾아 적어보세요.

물건을 (　　　　)

하나님을 (　　　　)

필요에 따라 (　　　　)

(　　　　)에 모이기를 힘씀

핵심 단어 : 성전 / 나눔 / 찬미(=찬양, 예배) / 통용(=함께 사용)

핵심문장

하나님 나라를 전파하는 교회는 하나가 되어 필요한 것을 나눠요.

실천하기

교회는 예수님 안에서 서로 사랑하며 필요한 것을 나누어요.
일주일 동안 작은 교회인 '우리 반' 친구를 아껴주는 '도움친구게임'을 해요.

도움친구게임

1. '도움친구게임'은 제비를 뽑아 결정된 친구를 뒤에서 일주일 동안 아끼며 섬기는 게임이에요.
2. 도움친구에게 할 미션을 정해요.
   (예: 작은 간식 선물하기, 축복편지 써 주기, 매일 자기 전 기도하기 등)
3. 부록에서 '제비뽑기 이름표'를 뜯어 자신의 이름을 쓰고 반으로 접어 제비뽑기 함에 넣어요.
4. 순서대로 돌아가며 도움친구를 뽑아요.
5. 미션이 끝날 때까지 절대로 도움친구가 누구인지 말하지 않고, 다음 주일 반 모임에서 공개해요.

우리 반 도움친구 미션	

함께 외쳐요!

예수님 안에서 우리는 하나!

3과

사도행전 3장 1-10절

하나님 나라는 어떻게 전파되나요?

외울말씀 | 사도행전 3장 6절

베드로가 이르되 은과 금은 내게 없거니와 내게 있는 이것을 네게 주노니
나사렛 예수 그리스도의 이름으로 일어나 걸으라 하고

암송카드

기억하기

베드로와 요한은 태어나서 한 번도 걸어본 적 없는 사람에게 무엇을 주었나요?
미로를 통과하며 얻은 글자로 빈칸을 채워보세요.

핵심문장

하나님 나라는 예수님의 이름의 능력으로 전파돼요.

실천하기

주변에 힘들고 연약한 사람이 있다면 우리가 무엇을 줄 수 있을까요?
각 사람에게 필요한 것을 부록에 있는 '붙임 딱지'에서 찾아 붙여보세요.

무엇이 필요할까요?

함께 외쳐요! 예수님의 이름으로 하나님 나라를 전파하자!

4과 하나님 나라를 전파할 때 무엇을 의지하나요?

사도행전 6장 8-15절

외울말씀 | 사도행전 6장 10절

스데반이 지혜와 성령으로 말함을 그들이 능히 당하지 못하여

암송카드

기억하기 스데반은 회당에서 사람들에게 공격당할 때 무엇으로 복음을 전했나요? 암호를 풀어 문장을 완성해 보세요.

암호해독판

ㄱ	ㅇ	ㅁ
ㅕ	✳	ㅣ
ㅗ	ㅈ	ㅜ

ㅠ	ㅢ	ㄷ
ㅎ	✳	ㅋ
ㅘ	ㅅ	ㅂ

ㅝ	ㄹ	ㅛ
ㅖ	✳	ㅑ
ㅌ	ㅓ	ㅈ

암호문

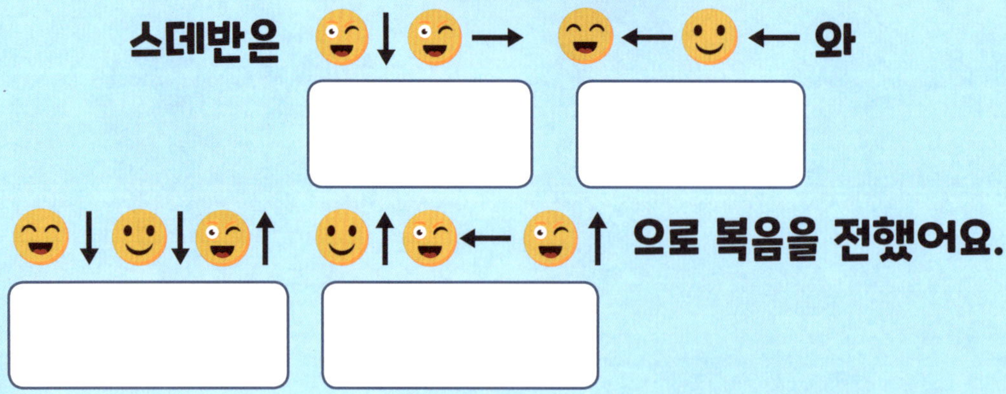

핵심문장 지혜와 성령의 능력을 의지해 하나님 나라를 전파해요.

실천하기 하나님 나라를 전파하는 길이 방해로 인해 끊어졌어요.
지혜와 성령의 능력 스티커를 알맞은 곳에 붙여 길을 연결해 보세요.

함께 외쳐요! 지혜와 성령의 능력으로 담대하게 복음을 전하자!

5과 하나님 나라는 어려움 속에서 어떻게 전파되나요?

사도행전 8장 1-8절

외울말씀 | 사도행전 8장 5절

빌립이 사마리아 성에 내려가 그리스도를 백성에게 전파하니

암송카드

기억하기 예루살렘교회에 어떤 일이 일어났나요?
순서대로 사건 스티커와 화살표 스티커를 붙여서 지도를 완성해 보세요.

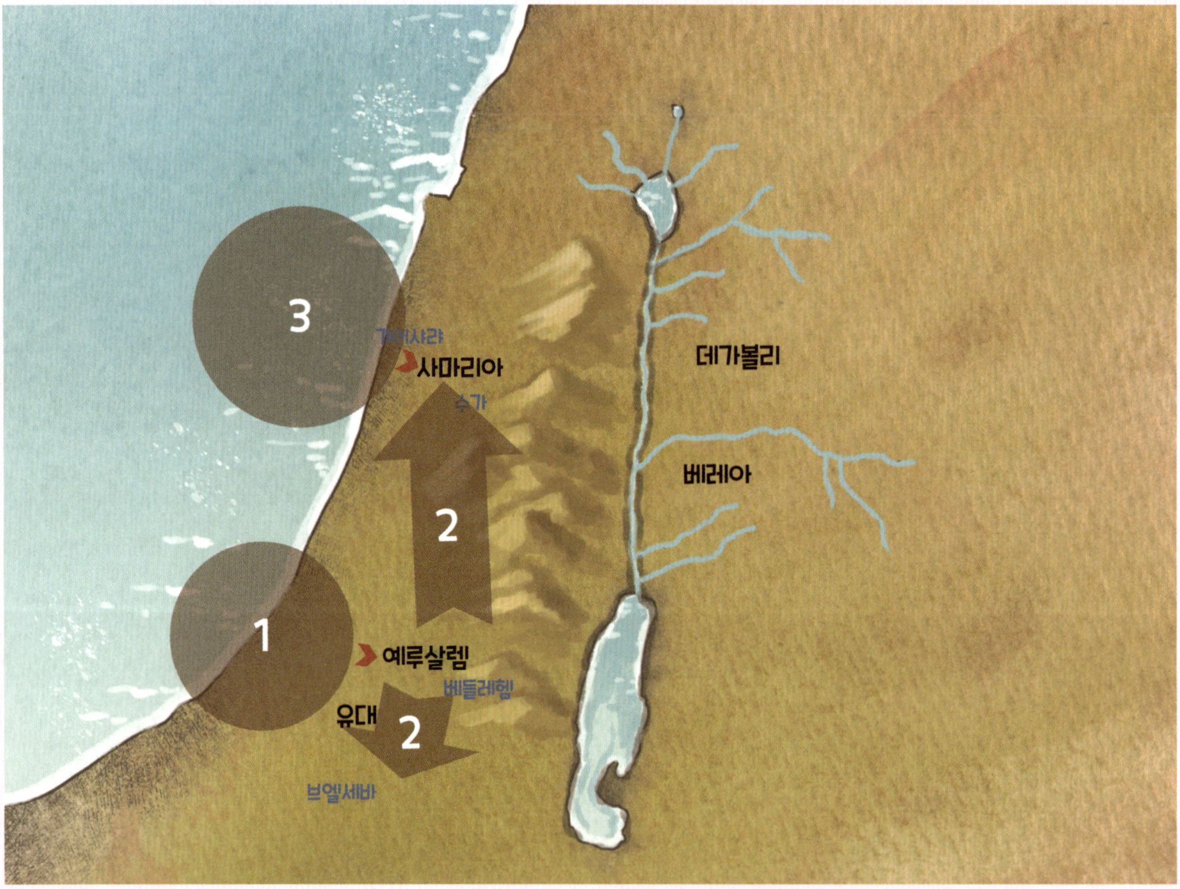

핵심문장 하나님 나라는 어려움 속에서도 하나님의 말씀대로 전파돼요.

실천하기

하나님은 우리를 통해 복음이 전파되게 하세요.
'전도 딱지'를 만들고, 내가 있는 곳에서 용기 있게 복음을 전해요!

전도 딱지

1. 부록에 있는 '전도 딱지'를 뜯어요.
2. 순서대로 접은 후 빈칸의 색깔에 맞춰 스티커를 붙여주세요.
3. 완성된 전도 딱지를 가지고 어떤 곳에서 누구에게 어떻게 복음을 전할 수 있을지 서로 이야기해요.
4. 이번 한 주 동안 서로 나눈 이야기를 따라 복음을 전해요.

전도딱지 접는 법 QR

함께 외쳐요! 어디서나 용기 있게 복음을 전하자.

6과 하나님은 누구를 만나게 하시나요?

사도행전 8장 26-40절

외울말씀 | 사도행전 8장 29절

성령이 빌립더러 이르시되 이 수레로 가까이 나아가라 하시거늘

암송카드

기억하기 빌립과 에디오피아 사람 사이에 일어난 일들을 기억하며 두 문장에 공통으로 들어가는 단어 스티커를 빈칸에 붙여 만남일지를 완성해 보세요.

만남일지

주의 사자가 빌립에게 ( ) 에서 가사로 내려가는 길까지 가라 하심

에디오피아 사람이 ( ) 에서 예배를 드리고 돌아가고 있었음

에디오피아 사람이 ( ) 를 타고 선지자의 글을 읽고 있었음

성령이 빌립에게 ( ) 에 가까이 나아가라고 말씀하심

빌립이 ( ) 을 깨닫느냐고 질문함

에디오피아 사람이 ( ) 을 지도해 주는 사람이 없어 깨달을 수 없다 함

빌립이 복음을 전하고 ( ) 를 베풂

에디오피아 사람이 복음을 받고 ( ) 를 받음

핵심문장 하나님은 복음이 필요한 사람을 만나게 하세요.

실천하기

하나님은 우리에게 복음을 전할 사람을 만나게 하세요.
만나는 사람들에게 복음을 전할 수 있도록 만남일지를 체크하며 준비해요.

만남일지 1단계 체크리스트

네 / 아니요 둘 중의 하나에 O표 해요.	네	아니오
1. 매일 만나는 친구들(사람들)이 있나요?		
2. 예수님을 모르는 친구들(사람들)이 있나요?		
3. 예수님을 모르는 친구(사람들)가 예수님을 믿기를 원하나요?		
4. 친구(사람들)에게 예수님을 믿는지 물어볼 수 있나요?		

만남일지 2단계 체크리스트

1. 매일 만나는 친구(사람)의 이름을 쓰세요.	
2. 매일 만나는 친구(사람)에게 어떤 말씀을 들려주고 싶은지 골라 체크해요.	1. 세상을 만드신 하나님 2. 우리를 위해 이 땅에 오신 예수님 3. 우리의 죄를 대신해 십자가에서 죽으신 예수님 4. 죽으신지 3일 만에 다시 사신 예수님 5. 기타:
3. 친구를 위해 어떻게 기도할지 골라 체크해요.	1. 매일 기도해요. 2. 생각날 때마다 기도해요. 3. 선생님과 함께 기도해요. 4. 이름을 부르며 기도해요. 5. 기타:

만남일지 3단계 다짐하고 행동하기 리스트

1. 전도한 친구가 교회에 나오면 도와주세요.	"네!" 라고 말해요.
2. 전도한 친구가 교회에 안 나와도 실망하지 마세요.	
3. 누구를 만나든지 예수님을 전해요.	
4. 늘 복음을 전할 준비를 해요.	

함께 외쳐요!

하나님의 인도를 따라 복음을 전하자.

7과 하나님 나라는 누구를 통해 전파되나요?

사도행전 9장 1-16절

외울말씀 | 사도행전 9장 15절 하반절

이 사람은 내 이름을 이방인과 임금들과 이스라엘 자손들에게
전하기 위하여 택한 나의 그릇이라

암송카드 요절챈트♪

기억하기 예수님과 사울, 아나니아의 대화가 있어요. 대화를 보고 누가 한 말인지 알맞은 인물 스티커를 붙여보세요.

말한 사람	말한 내용
	사울아, 사울아 네가 왜 나를 핍박하느냐?
	주님, 누구십니까?
	나는 네가 핍박하는 예수다.
	사울이라는 사람을 찾아라. 그가 환상 속에서 아나니아라는 사람이 찾아오는 것을 보았다.
	이 사람은 예루살렘에 있는 주의 성도에게 많은 해를 입혔습니다.
	그는 이방 사람들과 여러 왕들과 이스라엘 백성 앞에서 나의 이름을 전하도록 선택한 나의 그릇이다.

핵심문장

하나님 나라는 부활하신 예수님을 만나 부르심을 받은 사람을 통해 전파돼요.

실천하기 '부르심 표정 카드'를 만들며 예수님을 만나기 전, 만났을 때, 만난 후 우리의 표정을 살펴보고 예수님을 전하는 사람이 되기로 결심해요.

부르심 표정 카드 만들기

1. 부록에서 '부르심 표정 카드'를 뜯어요.
2. 예수님을 만나기 전, 예수님을 만났을 때, 예수님을 만난 후에 우리의 표정이 어땠을지 생각하며 차례대로 정리해요.
3. 표정의 반쪽을 다른 표정과 차례대로 붙여서 네 원을 연결해요.
4. 뒷면에 하나님 나라 전파를 위해 무엇을 할지 결단의 글을 적어요.
5. 부르심 표정 카드에 적은 결단을 서로 이야기해요.

함께 외쳐요! 예수님을 만난 우리, 하나님 나라를 전파하자.

8과 하나님 나라는 누구의 인도하심으로 전파되나요?

사도행전 10장 30-35, 44-48절

외울말씀 | 사도행전 10장 47절

이에 베드로가 이르되 이 사람들이 우리와 같이 성령을 받았으니
누가 능히 물로 세례 베풂을 금하리요 하고

암송카드

기억하기

베드로와 예수님의 생각상자예요.
생각을 읽고, 맞는 것에는 O표, 틀린 것은 X표 해주세요.

- [ ] 지붕에 기도하려고 올라왔는데 배가 고팠다.
- [ ] 율법에, 땅에 있는 네 발 가진 짐승과 기는 것과 나는 것은 모두 깨끗하다.
- [ ] 속되고 깨끗하지 않은 것은 절대 먹을 수 없다.

- [ ] 하나님은 사람을 외모로 보신다.
- [ ] 하나님이 깨끗하다고 하신 것은 깨끗하다.
- [ ] 이방인에게는 성령을 주시지 않는다.

핵심문장 하나님 나라는 성령의 인도하심으로 전파돼요.

실천하기 전도에 대한 나의 생각을 부록의 스티커에서 골라 붙여보세요. 그리고 성경에서 전도에 대해 어떻게 이야기하고 있는지 스티커를 붙여 확인해 보세요.

전도에 대한 나의 생각은?

성경이 말하는 전도는?

함께 외쳐요! 성령의 인도하심을 따르자.

교회는 서로 어떻게 도와야 하나요?

9과
사도행전 11장 19-26절

외울말씀 | 사도행전 11장 26절

만나매 안디옥에 데리고 와서 둘이 교회에 일 년간 모여 있어 큰 무리를 가르쳤고 제자들이 안디옥에서 비로소 그리스도인이라 일컬음을 받게 되었더라

암송카드

기억하기 예루살렘교회가 안디옥교회를 어떻게 도와주었나요? 빈칸에 두 교회에 있었던 사건 스티커를 붙여보세요. 그리고 글씨를 따라 적으며 문장을 완성해 보세요.

안디옥교회 의 사람들은 처음으로 그리스도인 으로 불리게 됐어요.

핵심문장 교회는 하나님 나라의 전파를 위해 서로 도와요.

실천하기 교회는 서로 도우며 하나님 나라를 전파해요. 우리도 각자의 '교회 세움 블록'을 사용해 함께 멋진 교회를 세워요.

교회를 세워요!

1. 부록에서 '교회 세움 블록'을 뜯어요.
2. 우리 교회를 위해, 선교지의 교회를 위해, 힘든 교회를 위해 섬길 수 있는 것이 무엇인지 생각해 보고, 각 '교회 세움 블록'의 '기도', '봉사', '헌금', '서로 사랑' 중에 할 수 있는 것을 선택해서 체크해요. (여러 개를 체크할 수도 있어요.)
3. 각자의 '교회 세움 블록'을 모두 모아서 우리 반 친구들과 함께 멋진 교회를 세워요.

함께 외쳐요! **함께 하나님 나라를 전파하자.**

10과 하나님은 우리를 어디로 인도하시나요?

사도행전 16장 6-10절

외울말씀 | 사도행전 16장 10절

바울이 그 환상을 보았을 때 우리가 곧 마게도냐로 떠나기를 힘쓰니 이는
하나님이 저 사람들에게 복음을 전하라고 우리를 부르신 줄로 인정함이러라

암송카드

기억하기 복음을 전하기 위해 바울이 가려던 곳과 하나님이 바울을 보내신 곳은
각각 어디일까요? 글자를 따라가며 확인해 보세요.
(문장은 빨간색으로 시작해 노란색으로 끝나요.)

바울은 ◯◯◯◯로 가려고 했지만

하나님은 ◯◯◯◯로 바울을 보내셨어요.

핵심문장 하나님은 복음이 필요한 곳으로 우리를 인도하세요.

실천하기 하나님은 복음이 필요한 곳으로 우리를 인도하세요. 지금도 복음이 필요한 곳이 많이 있어요. 지도를 보고 복음이 필요한 나라를 찾아보세요. 한 나라를 선택하고 그곳을 위해 1(한 나라) –1(하루) –1(1분) 기도를 실천해요.

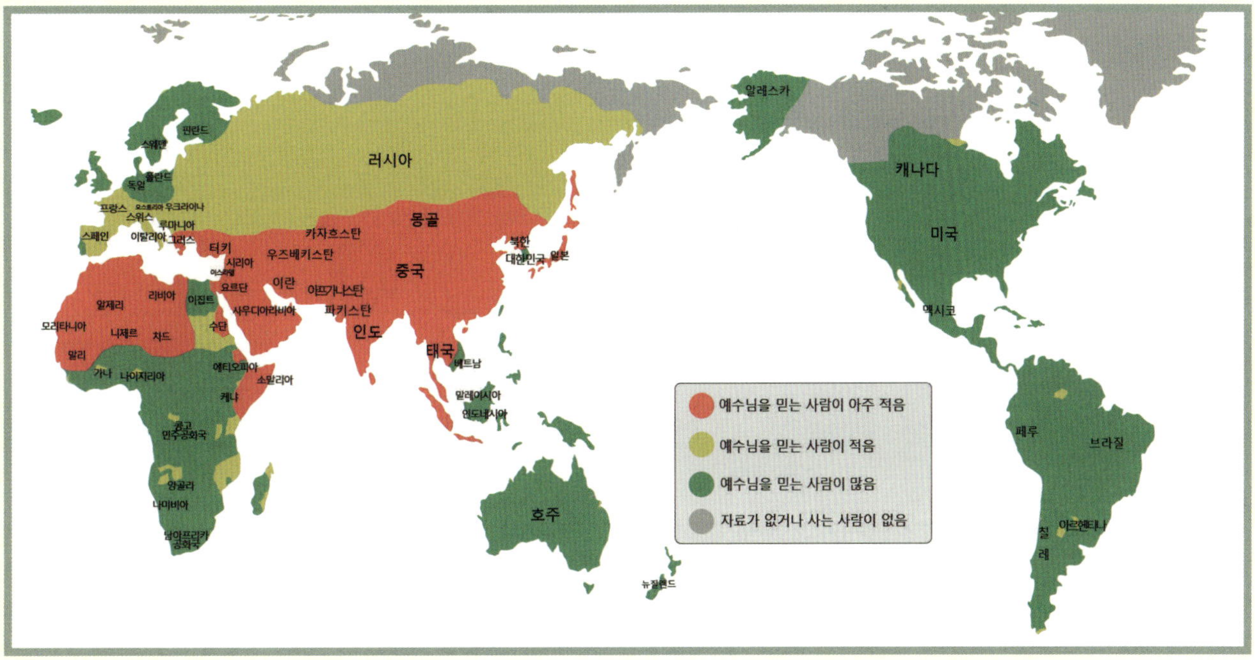

1 하루	**1** 한 나라	**1** 1분
우리 교회가 선교하고 있는 곳에는 빨간 십자가를, 내가 선교하고 싶은 나라에는 황금 십자가 스티커를 붙여주세요.	지도를 보며 어느 나라를 위해 기도할지 정해요. 나라:	선택한 나라를 위해서 1분간 기도해요. 기도할 내용을 적어보세요. 예: 이웃 나라 일본에 교회가 더 많이 생기게 해주세요.

나 ____________은(는) 복음이 필요한 ____________을(를) 위해 기도하며 복음을 전하겠어요!

함께 외쳐요! **복음이 필요한 곳에 복음을 전하자.**

11과

사도행전 16장 25-34절

어려움이 찾아올 때 어떻게 해야 하나요?

외울말씀 | 사도행전 16장 25절

한밤중에 바울과 실라가 기도하고 하나님을 찬송하매 죄수들이 듣더라

암송카드

기억하기 바울과 실라는 억울하게 감옥에 갇혔어요. 바울과 실라가 옥에 갇힌 후 무엇을 했는지 번호 순서대로 사다리를 타서 빈칸에 들어갈 말을 채워보세요.

1	2	3	4	5	6	7	8

을	기	나	하	찬	님	송	도

바울과 실라는 감옥에 갇혔을 때 ◯◯ 하고 ◯◯◯◯ ◯◯ 했어요.

핵심문장 어려움 속에서도 찬송과 기도로 복음을 전해요.

실천하기 하나님이 함께 하심을 믿으며 우리도 하나님을 찬양하는 노래의 가사를 만들어볼까요? 제시된 단어들을 사용해서 가사를 완성해 보세요.

어려움이 찾아올 때

작사 : [   ]

하나님을 찬양해요
기도하며 찬양해요
하나님을 의지해요

기뻐하고 감사하며
십자가만 바라보고
즐거웁게 행진하며

찬양 반주 듣기 QR

함께 외쳐요! 어려운 일이 찾아올 때 찬송하고 기도하자.

12과

사도행전 28장 23-31절

하나님 나라는 어디까지 전파돼야 할까요?

외울말씀 | 사도행전 28장 31절

하나님의 나라를 전파하며 주 예수 그리스도에 관한 모든 것을 담대하게 거침없이 가르치더라

암송카드 요절첸트♪

기억하기 마침내 바울은 땅끝까지 복음을 전하기 위해 로마에 도착했어요. 바울이 로마에서 했던 세 가지 일이 무엇인지 화살표를 따라가며 찾아보세요.

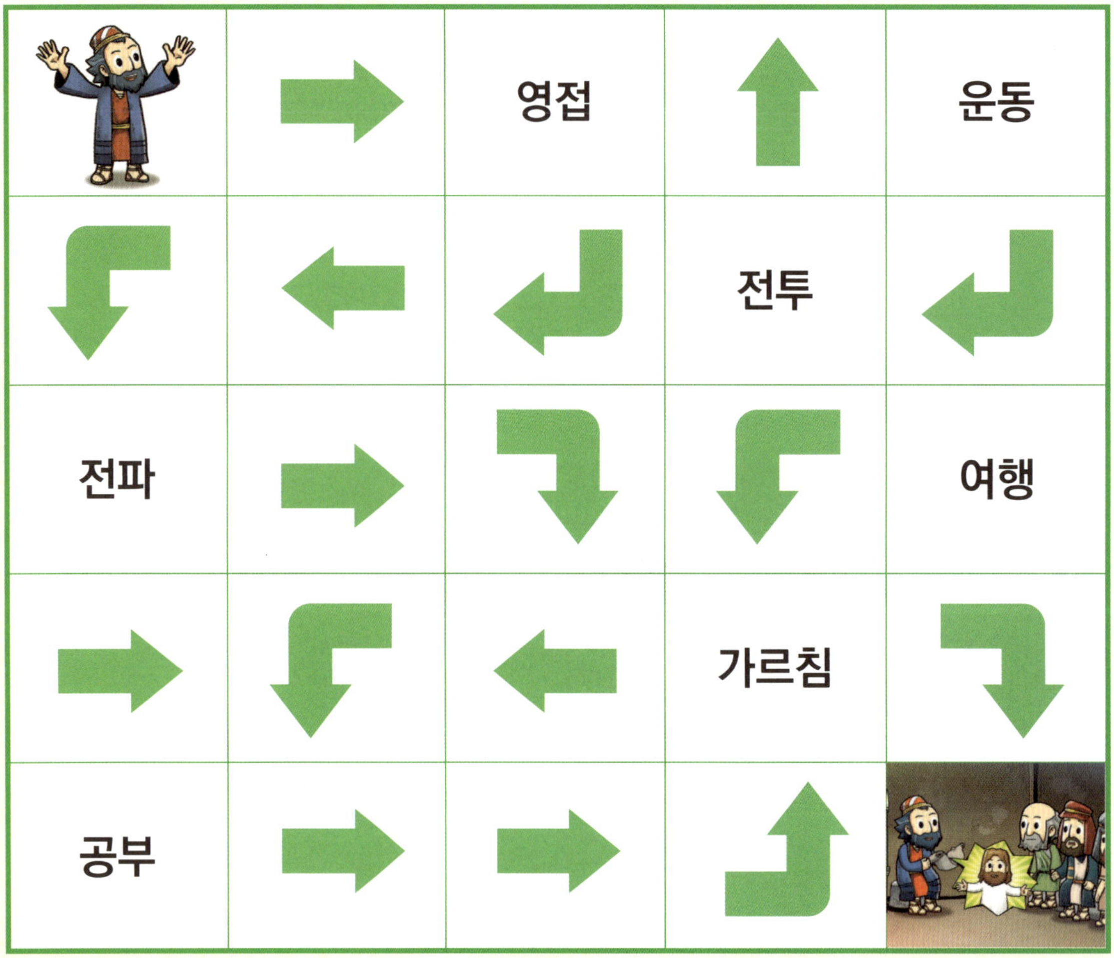

핵심문장 하나님 나라는 우리를 통해 땅끝까지 전파돼요.

가정 복습활동을 하였나요?

실천하기 사도행전에서 하나님 나라가 어디까지 전파됐는지 그림 스티커를 붙여 지도를 완성해 보세요. 성경 말씀과 다짐문의 빈칸을 채우고 스티커를 붙여보세요.

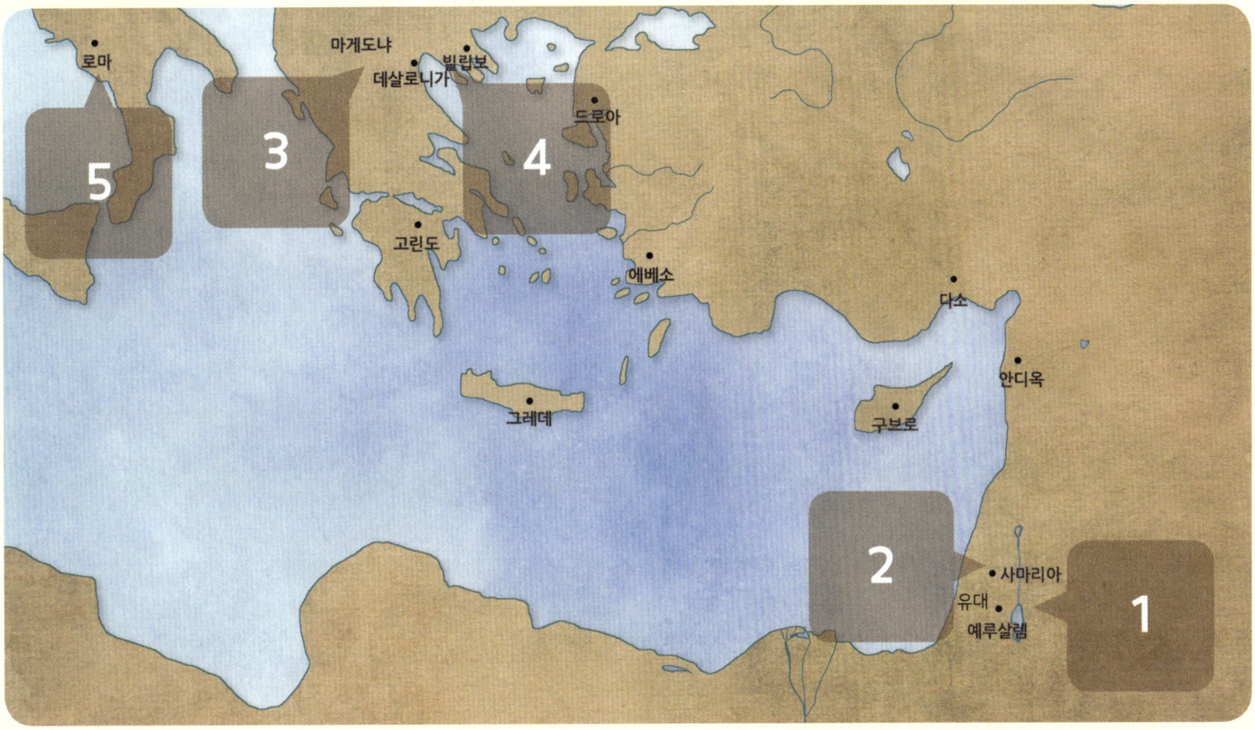

오직 성령이 너희에게 임하시면 너희가 권능을 받고

(   )과 온 (   )와 (   )와 (   )까지

이르러 내 (   ) 이 되리라 하시니라

(사도행전 1:8)

다짐문

나 ______________ 은(는) 땅끝까지 하나님 나라를 전파하는 (   ) 이 될래요!

함께 외쳐요! **나는 땅끝까지 복음을 전하는 증인이다.**

13과 복음은 무엇인가요?

로마서 1장 8-17절

외울말씀 | 로마서 1장 16절

내가 복음을 부끄러워하지 아니하노니 이 복음은 모든 믿는 자에게 구원을 주시는 하나님의 능력이 됨이라 먼저는 유대인에게요 그리고 헬라인에게로다

암송카드 요절챈트♪

기억하기 외울말씀을 기억하며 아래 글자판에서 외울말씀에 나온 단어들을 찾아보세요. (글자는 가로, 세로, 대각선으로 연결할 수 있어요.)

복	음	속	양	구
사	표	믿	원	출
기	랑	는	장	하
능	모	자	비	나
듣	력	석	주	님

핵심문장

복음은 모든 믿는 사람에게 구원을 주시는 하나님의 능력이에요.

실천하기

우리는 복음을 부끄러워하지 않고 자랑해요. '복음 자랑 가방 고리'를 만들어 가방에 달고 다니며 복음을 자랑해요!

복음 자랑 가방 고리 만들기

1. 부록에 있는 '복음 자랑 가방 고리 만들기'를 뜯어요.
2. 고백 문장에 자신의 이름을 적어요.
3. 접는 선을 따라 접고 줄을 달아 '복음 자랑 가방 고리'를 완성해요.
4. '복음 자랑 가방 고리'를 가방이나 잘 보이는 곳에 달고 다니며 복음을 자랑하는 사람이 되기를 결심해요!

함께 외쳐요!

복음을 자랑하자.

14과 복음을 믿는 사람은 어떤 사람인가요?

로마서 6장 1-11절

외울말씀 | 로마서 6장 11절
이와 같이 너희도 너희 자신을 죄에 대하여는 죽은 자요 그리스도 예수 안에서 하나님께 대하여는 살아 있는 자로 여길지어다

암송카드

기억하기

복음을 믿기 전과 믿은 후는 어떤 차이가 있을까요?
힌트를 보고 믿기 전(비포)과 믿은 후(애프터)의 빈칸을 채워보세요.

비포(Before)

2절: [ㅈ] 가운데 살아감

6절: [ㅈ] 의 몸

6절: [ㅈ] 에게 종노릇함

애프터(After)

2절: 죄에 대하여 [ㅈ ㅇ]

7절: 죄에서 [ㅂ ㅇ ㄴ]

11절: 예수 안에서 하나님께 대하여 [ㅅ ㅇ ㅇ ㅇ]

★ 힌트 : 죄 / 벗어남/ 죽음 / 살아 있음

핵심문장

복음을 믿는 사람은 예수님과 함께 죄에 대하여 죽고 하나님께 대하여 살아 있어요.

실천하기

나는 복음을 믿는 사람답게 살아가고 있나요?
죄에 대하여 죽고 하나님께 대하여 살아 있는 우리의 믿음을 고백해요.

자신의 이름을 적고 아멘 스티커를 붙이며 믿음을 고백해요.

• 죄에 대하여 죽음

나_______________은(는) 죄에 대하여 죽었어요.	
나_______________은(는) 죄를 싫어해요.	
나_______________은(는) 죄와 싸워 이길 수 있어요.	

• 하나님께 대하여 살아 있음

나_______________은(는) 예수님과 함께 다시 살았어요.	
나_______________은(는) 하나님 나라를 위해 살겠어요.	
나_______________은(는) 하나님을 위해 사는 것이 좋아요.	

우리의 고백을 함께 녹음하고 구원의 기쁨을 나눠요.

함께 외쳐요! 복음을 믿고 예수님 안에서 살아가자.

15과

로마서 8장 1-11절

복음을 믿는 사람은 무엇을 따르나요?

외울말씀 | 로마서 8장 2절

이는 그리스도 예수 안에 있는 생명의 성령의 법이 죄와 사망의 법에서
너를 해방하였음이라

암송카드

기억하기 복음을 믿는 사람은 어떤 생각을 할까요? 아래 두 사람의 생각 속 빈칸에 생각 스티커를 알맞게 붙이고, 마지막 문장을 완성해 보세요.

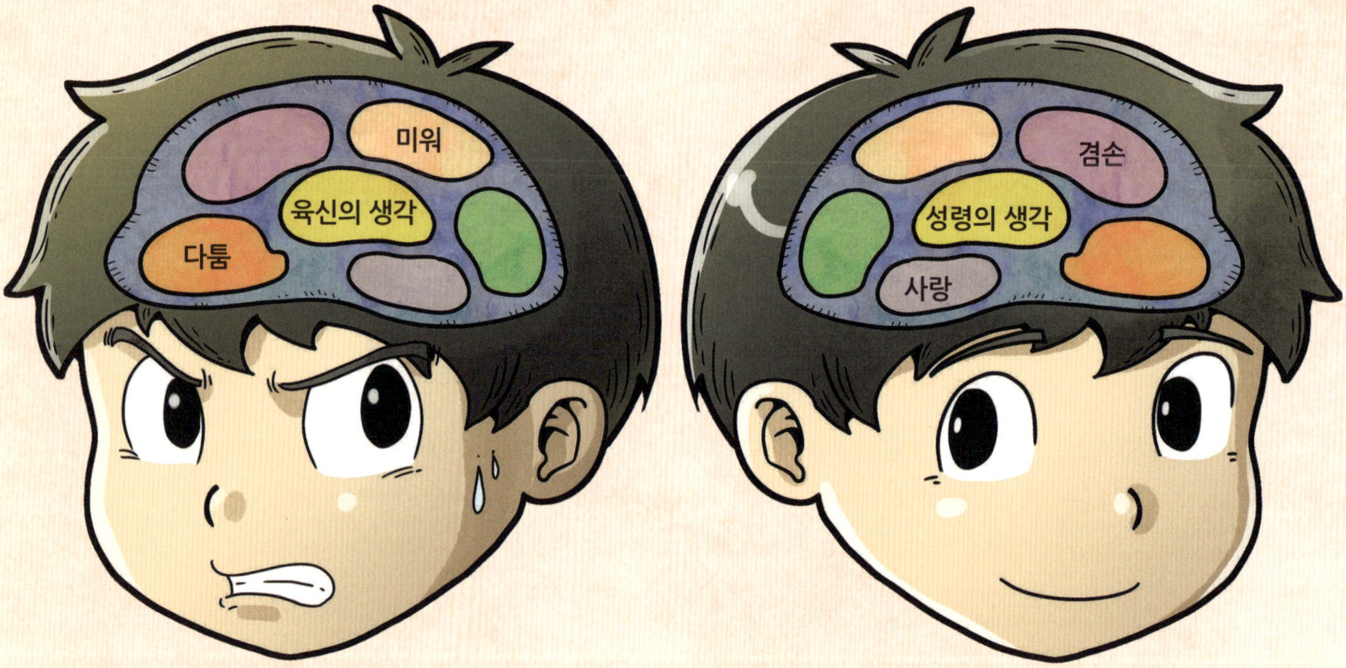

복음을 믿지 않는 사람 **복음을 믿는 사람**

복음을 믿지 않는 사람은 육신 의 생각을 따라 살아가지만,

복음을 믿는 사람은 성령 의 생각을 따라 살아요.

핵심문장 **복음을 믿는 사람은 성령을 따라 살아요.**

실천하기 복음을 믿는 사람은 성령의 생각을 해요. 부록에 있는 '성령의 생각 창문'을 가지고 상황에 따라 바른 성령의 생각을 할 수 있도록 스티커를 붙여주세요.

약한 친구를 괴롭히는 것을 봤을 때

TV에서 나온 나쁜 말을 따라 하고 싶을 때

괴롭힘을 말리고, 친구를 도와주자!

치! 왜 다들 저 친구만 좋아하는 거야!

친구가 나보다 더 칭찬받을 때

욕심을 버리고 지금 있는 것에 감사해요.

친구를 축하하고 사랑해요.

친구가 안 볼 때 잠깐만 빌려오면 되지 뭐.

친구의 학용품을 갖고 싶을 때

하나님이 나의 입을 만드신 것을 기억해요.

괜히 나까지 놀리면 어떡해. 그냥 모른 척해.

저 말 따라 해볼까? 친구들한테 하면 재밌겠다!

나 ○○○(은)는 앞으로 죄의 생각은 멀리하고, 성령님이 기뻐하시는 일을 생각하기로 다짐합니다.

함께 외쳐요! 날마다 성령을 따라 바르게 살아가자.

16과

로마서 12장 1-2, 14-21절

복음을 믿는 사람은 어떻게 살아야 하나요?

외울말씀 | 로마서 12장 2절

너희는 이 세대를 본받지 말고 오직 마음을 새롭게 함으로 변화를 받아 하나님의 선하시고 기뻐하시고 온전하신 뜻이 무엇인지 분별하도록 하라

암송카드

기억하기

하나님의 선하시고 기뻐하시고 온전하신 뜻을 행하는 것은 무엇일까요? 스티커를 붙여 빙고 게임을 하면서 알아보도록 해요.

우리는 이 세대를 본받지 않고 오직 ______ 을 새롭게 하여 변화를 받아요.

그러면 하나님의 ______ 하시고 ______ 하시고 ______ 하신 뜻이 무엇인지 알 수 있어요.

(로마서 12:2)

핵심문장

복음을 믿는 사람은 하나님의 선하시고 기뻐하시고 온전하신 뜻대로 살아요.

실천하기 복음을 믿는 우리는 하나님의 뜻대로 살아야 해요. 매일매일 하나님의 뜻을 따르는 습관을 정해 '믿음 생활 방식표'를 만들어요.

믿음 생활 방식표 만들기

1. 부록에 있는 '믿음 생활 방식표'를 뜯어요.
2. 그림 아래에 매일매일 어떻게 하나님의 뜻을 따라 살아갈지 나의 생활 방식을 적어요.
   (예: 아침에 일어나 감사 기도 하기 / 건강한 음식만 먹기 /
   서로 양보하기 / 정한 시간 만큼만 게임하기 /
   친절한 말 쓰기 / 자기 전 성경 말씀 1장 읽기 등)
3. '믿음 생활 방식표'를 잘 보이는 곳에 두고 성공한 미션은 접어 올려 고리에 끼워요.
4. 매일 믿음 생활을 잘 하기로 결심하며 실천해요!

함께 외쳐요! 하나님이 기뻐하시는 뜻을 따라 살아가자.

17과 교회는 왜 하나 되기를 힘써야 하나요?

고린도전서 3장 1-9절

외울말씀 | 고린도전서 3장 9절

우리는 하나님의 동역자들이요 너희는 하나님의 밭이요 하나님의 집이니라

암송카드

기억하기

바울은 고린도교회에 편지를 썼어요. 편지를 쓴 이유와 내용이 무엇인지 그림을 보며 빈칸에 알맞은 말을 보기에서 찾아 적어 보세요.

★ 보기 : 바울 / 육신 / 하나님 / 아볼로

바울의 2차 선교여행 중에 세워진 고린도교회가 ◯◯파, ◯◯◯파 등으로 나뉘어 싸웠어요(4절).

바울은 시기하고 분쟁하는 성도들을 ◯◯에 속한 자라고 꾸짖었어요(3절).

바울은 말씀의 씨앗을 뿌렸고, 아볼로는 물을 주었어요.

그러나 자라게 하시는 분은

오직 ◯◯◯이세요(6-7절).

우리는 ____________의 밭이며, ____________의 집이에요!(9절)

핵심문장

교회는 하나님 나라를 위해 하나 되기를 힘써요.

실천하기

우리 교회에도 하나님 나라를 위해 섬기는 사람들이 있어요. 어떤 사람들이 있는지 생각해 보고, 우리 교회가 하나 되기 위해 내가 할 수 있는 일은 무엇인지 찾아보아요.

❶ 우리 교회에서 하나님의 동역자로 섬기는 사람이 어떤 분들인지 스티커에서 찾아 붙여요.

❷ 그분들이 하나님 나라를 위해 어떻게 섬기고 있는지 이야기를 나눠요.

❸ 교회 안에 나의 모습을 스티커로 붙여요.

❹ 나는 우리 교회에서 앞으로 어떻게 섬기고 싶은지 적고, 서로 이야기해요.

나는

교회를 섬길래요!

함께 외쳐요!

교회가 하나 되게 힘쓰자.

18과

고린도전서 13장 1-7절

교회는 무엇으로 하나 되나요?

외울말씀 | 고린도전서 13장 4절

사랑은 오래 참고 사랑은 온유하며 시기하지 아니하며
사랑은 자랑하지 아니하며 교만하지 아니하며

암송카드 요절챈트♪

기억하기

사랑은 어떤 모습인가요? 또 어떤 모습이 아닌가요?
각각의 하트 안에 들어갈 알맞은 말을 부록 스티커에서 찾아 붙여보세요.

사랑은 ______ 이에요

사랑은 ______ 않아요

교회는 ____________으로 하나 돼요.

핵심문장

교회는 사랑으로 섬기며 하나 돼요.

가정 복습활동을 하였나요?

실천하기

우리는 사랑의 은사로 하나 된 공동체가 돼야 해요.
'하트 카드'를 만들며 사랑을 실천하기로 결심해요.

하트 카드 만들기

1. 부록에 있는 '하트 카드'를 뜯어요.
2. 교회 안에서 사랑을 전할 한 사람을 정해요.
3. 카드 내용에 그 사람의 이름과 어떻게 사랑을 실천할지를 적어요.
(예 : 너를 위해 기도할게 / 네가 힘들 때 도와줄게 / 네가 외로울 때 옆에 있어 줄게 등)
4. 적은 내용을 서로 나눠요.
5. 접는 선을 따라 접어서 하트 카드를 완성해요.
6. 약속한 결심을 실천하기 위해 함께 기도해요.
7. 카드를 전해 주고, 행동으로 보여줘요.

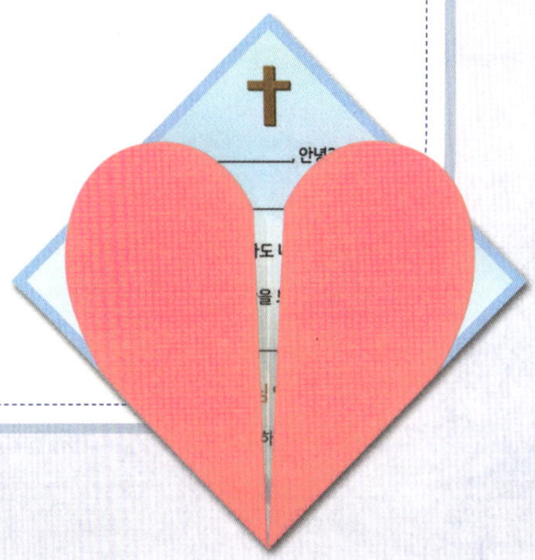

함께 외쳐요!

사랑을 실천하자.

19과

고린도후서 4장 7-18절

교회는 어떤 곳인가요?

외울말씀 | 고린도후서 4장 7절
우리가 이 보배를 질그릇에 가졌으니 이는 심히 큰 능력은 하나님께 있고 우리에게 있지 아니함을 알게 하려 함이라

암송카드

기억하기 말씀을 기억하며 괄호 안의 단어 중 알맞는 것에 O표를 해보세요.

* 바울은 질그릇 같은 우리 안에 [영광 / 보배]를 가지고 있다고 말했어요.
* 보배는 우리에게 구원과 영원한 영광을 주시는 [예수님의 복음 / 고난]이에요.
* 바울은 예수님의 [죽음 / 생명]을 자기 몸에 짊어졌다고 했어요.
* 바울은 고난을 이기는 힘이 [하나님 / 자신]에게서 나온다고 했어요.
* 우리의 [겉사람 / 속사람]은 낡아지지만,
  우리의 [겉사람 / 속사람]은 하나님의 능력으로 날마다 새로워져요.

핵심문장 교회는 연약하나 하나님의 능력을 나타내는 곳이에요.

실천하기 우리는 연약하지만, 우리 안에 보배이신 예수님이 항상 함께하세요.
예수님이 우리와 함께하심을 '보배이신 예수님' 만들기 활동을 통해 확인해요.

보배이신 예수님

1. 부록에 있는 '보배이신 예수님'을 뜯어요.
2. 안쪽 선을 따라 부채 접기를 해요.
3. 친구들의 모습이 나오면 나는 언제 약한지, 세상에 비해 교회가 약하다고 생각되는 때는 언제인지 이야기해요.
4. 뒤집어서 그림을 확인하고, 보배이신 예수님이 나와 함께하심을 기억해요.
5. 교회는 하나님의 능력을 나타내는 곳이에요. 우리 교회가 가지고 있는 보배는 무엇인지 이야기해보아요.

함께 외쳐요! 내 안에 보배를 기억하자.

20과

갈라디아서 5장 16-26절

그리스도인은 어떤 열매를 맺으며 살아야 하나요?

외울말씀 | 갈라디아서 5장 22-23절

오직 성령의 열매는 사랑과 희락과 화평과 오래 참음과 자비와 양선과 충성과 온유와 절제니 이같은 것을 금지할 법이 없느니라

암송카드 요절챈트♪

기억하기 우리가 맺어야 할 열매와 맺으면 안되는 열매가 어떤 것인지 빈 곳에 알맞은 열매 스티커를 붙여보세요.

핵심문장 그리스도인은 성령의 열매를 맺으며 살아요.

실천하기 그리스도인이 맺는 성령의 아홉 가지 열매는 어떤 것일까요? 나무에 알맞은 성령의 열매를 붙이며 확인해 보세요.

성령의 열매

1. 부록에서 '나무'와 '성령의 열매'를 뜯어요.
2. 나무에 적힌 내용을 보고 어떤 열매인지 맞혀보세요.
3. 정답을 맞혔다면 그 위에 성령의 열매를 붙여서 나무를 완성해요.
4. 9가지 열매 중에 내가 실천할 수 있는 것 한 가지를 정하고 이번 한 주 동안 실천해요.

함께 외쳐요! **육체의 열매, NO! 성령의 열매, Yes!**

21과 그리스도인은 어떻게 승리하며 사나요?

에베소서 6장 10-18절

외울말씀 | 에베소서 6장 13절
그러므로 하나님의 전신 갑주를 취하라 이는 악한 날에 너희가 능히 대적하고 모든 일을 행한 후에 서기 위함이라

암송카드

기억하기

영적 전쟁에서 승리하기 위해서는 아이템이 필요해요. 어떤 아이템이 필요할까요? 아이템의 이름을 완성하고 즐긋기로 연결해 보세요. 그리고 아래 그림 속 친구에게 전신 갑주 스티커를 붙여보세요.

- ㄱ ㅇ의 투구
- ㅅ ㄹ의 검
- ㅈ ㄹ의 허리띠
- ㅂ ㅇ의 신발
- ㅇ 의 호심경
- ㅁ ㅇ의 방패

하나님의 ( )( ) ( )( ) 를 입고, ( )( ) 전쟁에서 승리해요!

핵심문장 그리스도인은 하나님의 전신 갑주를 입고 승리하며 살아요.

실천하기

사탄은 우리가 하나님에서 멀어져 죄를 짓도록 계속해서 공격해요.
사탄의 공격을 이겨내기 위해 무엇이 필요할까요?
하나님의 전신 갑주를 입고 승리하기를 결단하며 기도해요.

죄를 지어도 괜찮다는 사탄의 거짓말에 속지 않아요.

잘 하고 있다. / 잘 못 하고 있다.

하나님이 우리의 죄를 용서해주시고 의롭다고 하신 것을 믿어요.

잘 하고 있다. / 잘 못 하고 있다.

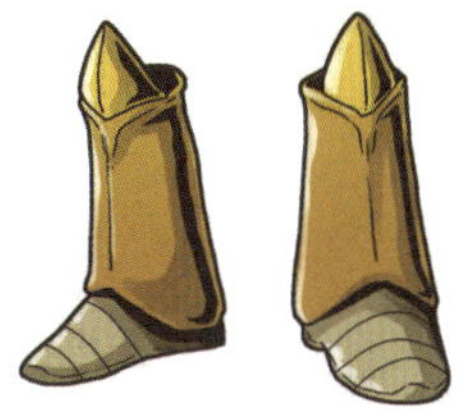

평안을 주시는 복음을 전해요.

잘 하고 있다. / 잘 못 하고 있다.

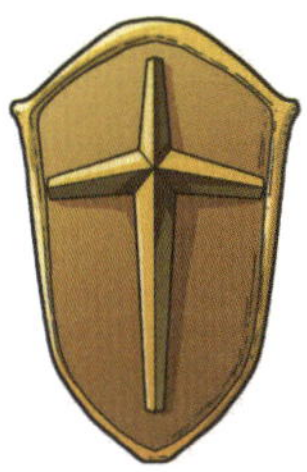

하나님이 항상 나와 함께 하심을 믿어요.

잘 하고 있다. / 잘 못 하고 있다.

나를 구원해 주신 은혜에 감사하며 살아요.

잘 하고 있다. / 잘 못 하고 있다.

성경말씀을 항상 읽어요.

잘 하고 있다. / 잘 못 하고 있다.

하나님 아버지, 눈에 보이지 않는 ○○ ○○에서 승리할 수 있도록 도와주세요.

예수님 안에서 하나님의 ○○ ○○를 입고 승리하는 한 주가 되게 해주세요.

예수님의 이름으로 기도합니다. 아멘.

함께 외쳐요! **하나님의 전신 갑주를 입고 영적 전쟁에서 승리하자.**

22과 그리스도인은 어떤 모습으로 사나요?

빌립보서 4장 4-7절

외울말씀 | 빌립보서 4장 6절

아무 것도 염려하지 말고 다만 모든 일에 기도와 간구로, 너희 구할 것을 감사함으로 하나님께 아뢰라

암송카드

기억하기

그리스도인은 어떤 모습으로 살아야 할까요?
암호를 풀어 문장을 완성해 보세요.

우리는 [A2B1] [A3B2] 하지 않고 [A1B4] [A4B3] 하며

[A1B2] [A3B4] 할 때 항상 기뻐할 수 있어요.

	A1	A2	A3	A4
B1	쁨	염	소	랑
B2	감	망	려	장
B3	상	영	구	도
B4	기	원	사	달

핵심문장

그리스도인은 항상 모든 일에 기도하며 기쁨으로 살아요.

실천하기

그리스도인은 예수님 안에서 항상 기뻐하고, 모든 일에 기도하는 사람이에요. 기도하며 기뻐하는 삶을 살 수 있도록 '기쁨 기도 달력'을 만들어요.

기쁨 기도 달력 만들기

1. 부록에 있는 '기쁨 기도 달력'을 뜯어요.
2. 기도 달력 빈칸의 화요일에는 '나를 위한 기도 제목'을, 토요일에는 '우리 반을 위한 기도 제목'을 적어요.
3. '기쁨 기도 달력'을 삼각기둥 모양으로 접고 풀칠해 붙여서 완성해요.
4. 기도 달력을 잘 보이는 곳에 올려 두고, 매일 기도하며 기쁨으로 지내기로 다짐해요.
5. 기도 달력 뒷면에 '기쁜 얼굴 스티커'를 붙여서 내가 예수님 안에서 기쁨으로 지냈는지 확인해요. 한 주간 기쁘지 못한 날이 있었다면 다음 주일에 그 이유를 선생님과 반 친구들과 함께 나눠요.

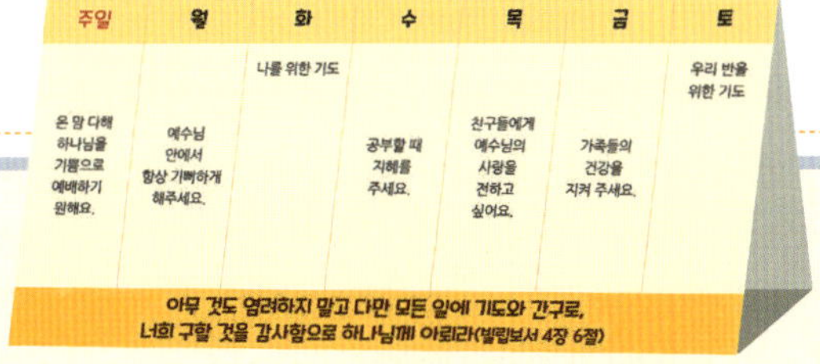

함께 외쳐요! 매일 기도하고, 매일 기뻐하자.

종려주일

마태복음 26장 36-46절

예수님은 고난을 앞두고 어떻게 하셨나요?

외울말씀 | 마태복음 26장 39절 하반절

내 아버지여 만일 할 만하시거든 이 잔을 내게서 지나가게 하옵소서 그러나 나의 원대로 마시옵고 아버지의 원대로 하옵소서 하시고

암송카드

기억하기 겟세마네 네 컷 사진이 있어요. 각 장면에서 예수님이 하신 말씀을 찾아 알맞은 말풍선 스티커를 붙여보세요.

겟세마네 네 컷

핵심문장 예수님은 하나님의 뜻대로 순종하셨어요.

실천하기

예수님처럼 하나님의 뜻대로 기도하며 순종의 걸음을 걸어볼까요?
'순종의 십자가'를 만들고 일주일 동안 기도하며 순종의 걸음을 완성해요.

순종의 십자가

1. 부록에 있는 '순종의 십자가'와 고정판을 뜯어요.
2. 십자가의 빈칸에 같은 색깔의 기도 제목 스티커를 붙여서 '순종의 십자가'를 완성한 후 고정판을 끼워 세워요.
3. 순종의 십자가를 잘 보이는 곳에 세워 두고, 일주일 동안 말씀을 묵상하며 순종하신 예수님 처럼 기도해요.
4. 기도한 날에는 순종의 스티커를 붙여주세요.

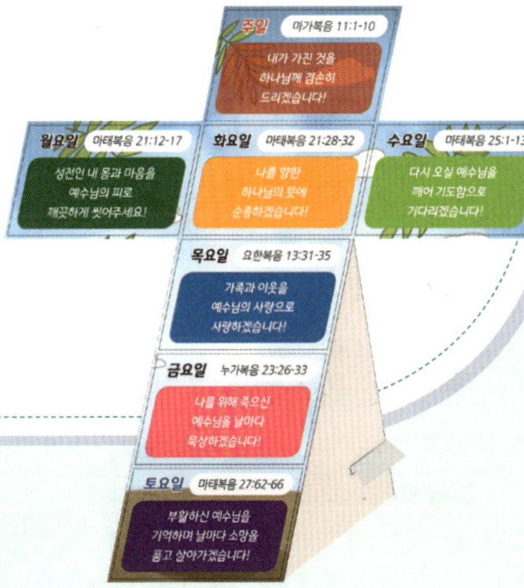

함께 외쳐요! 말씀에 순종하신 예수님을 기억하자.

부활주일

고린도전서 15장 4-8, 14-20절

예수님은 어떻게 부활하셨나요?

외울말씀 | 고린도전서 15장 4절

장사 지낸 바 되셨다가 성경대로 사흘 만에 다시 살아나사

암송카드

기억하기 바울은 고린도교회에게 예수님이 부활하심을 보았던 증인들이 누구였는지 말했주었어요. 바울의 이야기 중 빈칸에 들어갈 숫자가 무엇인지 적어보세요.

예수님은 성경대로 일 만에 다시 살아나셨다(4절).

부활하신 예수님은 게바에게 보이시고 후에 제자에게 나타나셨다(5절).

그 후에 여 명이 모인 곳에 나타나셨다(6절).

그리고 그 후에 야고보에게 보이셨고,
모든 사도에게와 나에게도 보이셨다.

핵심문장 예수님은 역사 안에서 실제로 부활하셨어요.

실천하기 예수님은 역사 안에서 실제로 부활하셨어요. 예수님의 부활을 증거할 동영상 채널을 완성해 볼까요? 부록에서 스티커를 뜯어 썸네일 빈칸에 들어갈 그림을 붙이고, 영상의 제목과 댓글을 적어보세요.

이곳에 스티커를 붙여요

조회수 11,259,457회 9,877 공유

예수님이 십자가에서 죽으시고 3일 만에 부활하신 놀라운 사건이 많은 사람의 주목을 받고 있다.

더욱 놀라운 것은 예수님의 부활이 이미 예수님이 태어나시기도 전에 성경에 기록되었다는 것이다.

댓글 954개

꼬끼오
시편 16:10에서도 예수님이 부활하실 것을 기록하고 있는 내용이 있다는 사실이 정말 놀라워요!!

눈부셔
예수님이 부활하신 것을 본 사람이 이렇게 많다니 정말 놀라워! 아직도 예수님의 부활을 안 믿는 사람도 있나?

이곳에 스티커를 붙여요

앗! 예수님이 나타나셨다고?

예수님은 부활하신 후에 제자들이 모인 곳과, 무려 500여 명 모인 곳에 나타나셨다.

조회수 10,419,511 8,667 공유

이곳에 스티커를 붙여요

충격! 예수님의 빈 무덤 발견!!

아리마대 사람 요셉이 예수님을 위해 드린 무덤이 빈 무덤으로 발견되었다.

조회수 9,194,189 6,711 공유

함께 외쳐요! **예수님은 분명히 다시 살아나셨다!**

어린이 주일

누가복음 2장 40,52절

예수님은 어떻게 자라나셨나요?

외울말씀 | 누가복음 2장 52절

예수는 지혜와 키가 자라가며 하나님과 사람에게 더욱 사랑스러워 가시더라

암송카드

기억하기

예수님의 어린 시절이 담긴 성장 앨범이에요.
예수님이 어떻게 자라셨는지 사진 스티커를 붙여서 성장 앨범을 완성해 보세요.

1 아기 예수님이 태어나셨어요.

2 키가 자라며 강해졌어요.

3 하나님의 은혜가 그 위에 있었어요.

4 지혜롭게 자라갔어요.

핵심문장 예수님은 자라가며 하나님과 사람에게 사랑스러워 가셨어요.

실천하기

예수님은 하나님과 사람에게 사랑을 받으며 자라셨어요. '사랑 화분'을 만들고 우리도 예수님처럼 하나님과 사람에게 사랑받는 어린이로 자라가요.

사랑 화분 만들기

1. 부록에 있는 '사랑 화분'을 뜯어요.
2. 하트 꽃잎 안에 나의 몸과 지혜, 믿음이 자라기 위해 필요한 일을 적어요.
   (예 : 몸 - 매일 운동하기, 편식하지 않기 / 지혜 - 책 읽기 / 믿음 말씀읽기, 기도하기)
3. 접는 선을 따라 하트 꽃을 접어요.
4. 줄기 막대에 하트 꽃을 붙여요.
5. 화분에 줄기 막대를 붙여 완성해요.

함께 외쳐요! 하나님 안에서 사랑받는 아이로 자라가자.

에베이 주일

에베소서 6장 1-4절

자녀들은 부모님께 어떻게 해야 하나요?

외울말씀 | 에베소서 6장 1절

자녀들아 주 안에서 너희 부모에게 순종하라 이것이 옳으니라

암송카드

기억하기 성경은 우리가 부모님께 어떻게 하라고 말하고 있나요? 말씀의 빈칸에 공통으로 들어갈 말을 적어보세요.

자녀들아 모든 일에 부모에게 ☐☐ 하라 이는 주 안에서 기쁘게 하는 것이니라 (골로새서 3:20)

자녀들아 주 안에서 너희 부모에게 ☐☐ 하라 이것이 옳으니라(에베소서 6:1)

네 부모를 ☐☐ 하라 그리하면 네 하나님 여호와가 네게 준 땅에서 네 생명이 길리라(출애굽기 20:12)

네 아버지와 어머니를 ☐☐ 하라 이것은 약속이 있는 첫 계명이니(에베소서 6:2)

우리는 부모님께 ㅅ ㅈ 하고, 부모님을 ㄱ ㄱ 해요!

핵심문장 주님 안에서 부모님께 순종해요.

실천하기 하나님은 주님 안에서 부모님께 순종하는 것이 옳다고 하셨어요. 부모님을 사랑하며, 순종하겠다는 마음의 고백을 담아 '순종 사랑 카드'를 만들어요.

순종 사랑 카드 만들기

1. 부록에 있는 순종 사랑 카드를 뜯어요.
2. 카드에 부모님의 사랑에 대한 감사의 고백을 적고, 부모님께 순종하겠다는 결단문에 이름을 적어요.
3. 부록에서 '순종 사랑 손'을 뜯어 '순종 사랑 카드'에 풀로 붙여요.
4. 손을 내려 순종의 손을 만들며 부모님께 순종하기로 결심하고, 손을 올려 사랑의 손을 만들며 부모님을 사랑한다고 말해요.

함께 외쳐요! 주님 안에서 부모님께 순종하자.

하나 바이블 요절을 외우는 다양한 방법

1 카드를 활용해요.

매주 암송카드를 뜯어요.
고리에 암송카드를 끼워요.
말씀과 그림을 보면서 요절을 암송해요.
암송한 후에 암송 확인표에 체크해요.

2 단어 게임을 해요.

매주 미션북의 [요절을 암송해요]를 펴요.
빈칸에 단어를 채우고 요절을 암송해요.
초성 힌트를 보고 요절을 완성해요.
단어 맞히기 게임으로 재미있게 외워요.
혼자서도 할 수 있고, 친구들과 게임처럼 외워도 좋아요.

3 노래로 외워요.

한 단원에 하나씩 요절 챈트 노래를 불러요.

암송했나요?
암송 확인표에 체크하세요

암송 확인표-①

1과 □ 2과 □
3과 □ 4과 □

하나 바이블 3과정·1학기 유년부

요절 암송카드

이름 :

암송 확인표-③

17과 □ 18과 □
19과 □ 20과 □

암송 확인표-②

9과 □ 10과 □
11과 □ 12과 □

3과

하나님 나라는 어떻게 전파되나요?

하나님 나라는 예수님의 이름의 능력으로 전파돼요.

1과

예수님은 제자들에게 무엇을 명령하셨나요?

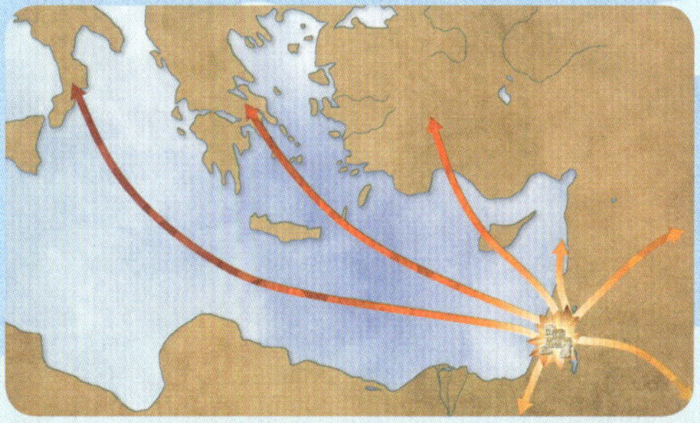

예수님은 제자들에게 하나님 나라 전파를 명령하셨어요.

4과

하나님 나라를 전파할 때 무엇을 의지하나요?

지혜와 성령의 능력을 의지해 하나님 나라를 전파해요.

2과

교회가 해야 할 일은 무엇인가요?

하나님 나라를 전파하는 교회는 하나가 되어 필요한 것을 나눠요.

암송 확인표-①

5과 6과

7과 8과

암송 확인표-②

13과 14과

15과 16과

암송 확인표-③

21과 22과

종려주일 부활주일

어린이주일 어버이주일

오직 성령이 너희에게 임하시면
너희가 권능을 받고 예루살렘과
온 유대와 사마리아와
땅 끝까지 이르러
내 증인이 되리라 하시니라
(사도행전 1장 8절)

베드로가 이르되
은과 금은 내게 없거니와
내게 있는 이것을 네게 주노니
나사렛 예수 그리스도의 이름으로
일어나 걸으라 하고
(사도행전 3장 6절)

하나님을 찬미하며
또 온 백성에게 칭송을 받으니
주께서 구원 받는 사람을
날마다 더하게 하시니라
(사도행전 2장 47절)

스데반이 지혜와 성령으로
말함을 그들이 능히 당하지 못하여
(사도행전 6장 10절)

9과

교회는 서로 어떻게 도와야 하나요?

교회는 하나님 나라의 전파를 위해 서로 도와요.

10과

하나님은 우리를 어디로 인도하시나요?

하나님은 복음이 필요한 곳으로 우리를 인도하세요.

11과

어려움이 찾아올 때 어떻게 해야 하나요?

어려움 속에서도 찬송과 기도로 복음을 전해요.

12과

하나님 나라는 어디까지 전파돼야 할까요?

하나님 나라는 우리를 통해 땅끝까지 전파돼요.

5과

하나님 나라는 어려움 속에서 어떻게 전파되나요?

하나님의 나라는 어려움 속에서도
하나님의 말씀대로 전파돼요.

6과

하나님은 누구를 만나게 하시나요?

하나님은 복음이 필요한 사람을 만나게 하세요.

7과

하나님 나라는 누구를 통해 전파되나요?

하나님 나라는 부활하신 예수님을 만나
부르심을 받은 사람을 통해 전파돼요.

8과

하나님 나라는 누구의 인도하심으로 전파되나요?

하나님의 나라는 성령의 인도하심으로 전파돼요.

빌립이 사마리아 성에 내려가
그리스도를 백성에게 전파하니
(사도행전 8장 5절)

만나매 안디옥에 데리고 와서
둘이 교회에 일 년간 모여 있어
큰 무리를 가르쳤고 제자들이
안디옥에서 비로소 그리스도인이라
일컬음을 받게 되었더라
(사도행전 11장 26절)

성령이 빌립더러 이르시되
이 수레로 가까이 나아가라 하시거늘
(사도행전 8장 29절)

바울이 그 환상을 보았을 때
우리가 곧 마게도냐로 떠나기를 힘쓰니
이는 하나님이 저 사람들에게 복음을 전하라고
우리를 부르신 줄로 인정함이러라
(사도행전 16장 10절)

이 사람은 내 이름을
이방인과 임금들과
이스라엘 자손들에게
전하기 위하여 택한 나의 그릇이라
(사도행전 9장 15절 하반절)

한밤중에 바울과 실라가 기도하고
하나님을 찬송하매
죄수들이 듣더라
(사도행전 16장 25절)

이에 베드로가 이르되
이 사람들이 우리와 같이
성령을 받았으니
누가 능히 물로 세례 베풂을 금하리요 하고
(사도행전 10장 47절)

하나님의 나라를 전파하며
주 예수 그리스도에 관한 모든 것을
담대하게 거침없이 가르치더라
(사도행전 28장 31절)

교회는 왜 하나 되기를 힘써야 하나요?

17과

교회는 하나님 나라를 위해 하나 되기를 힘써요.

교회는 무엇으로 하나 되나요?

18과

교회는 사랑으로 섬기며 하나 돼요.

교회는 어떤 곳인가요?

19과

교회는 연약하나 하나님의 능력을 나타내는 곳이에요.

그리스도인은 어떤 열매를 맺으며 살아야 하나요?

20과

그리스도인은 성령의 열매를 맺으며 살아요.

복음은 무엇인가요?

13과

복음은 모든 믿는 사람에게 구원을 주시는 하나님의 능력이에요.

복음을 믿는 사람은 어떤 사람인가요?

14과

복음을 믿는 사람은 예수님과 함께 죄에 대하여 죽고 하나님께 대하여 살아 있어요.

복음을 믿는 사람은 무엇을 따르나요?

15과

복음을 믿는 사람은 성령을 따라 살아요.

복음을 믿는 사람은 어떻게 살아야 하나요?

16과

복음을 믿는 사람은 하나님의 선하시고 기뻐하시고 온전하신 뜻대로 살아요.

내가 복음을 부끄러워하지 아니하노니
이 복음은 모든 믿는 자에게 구원을 주시는
하나님의 능력이 됨이라
먼저는 유대인에게요
그리고 헬라인에게로다
(로마서 1장 16절)

우리는 하나님의 동역자들이요
너희는 하나님의 밭이요
하나님의 집이니라
(고린도 전서 3장 9절)

이와 같이 너희도 너희 자신을
죄에 대하여는 죽은 자요
그리스도 예수 안에서 하나님께 대하여는
살아 있는 자로 여길지어다
(로마서 6장 11절)

사랑은 오래 참고 사랑은 온유하며
시기하지 아니하며
사랑은 자랑하지 아니하며
교만하지 아니하며
(고린도 전서 13장 4절)

이는 그리스도 예수 안에 있는
생명의 성령의 법이
죄와 사망의 법에서
너를 해방하였음이라
(로마서 8장 2절)

우리가 이 보배를 질그릇에 가졌으니
이는 심히 큰 능력은 하나님께 있고
우리에게 있지 아니함을 알게 하려 함이라
(고린도 후서 4장 7절)

너희는 이 세대를 본받지 말고
오직 마음을 새롭게 함으로 변화를 받아
하나님의 선하시고 기뻐하시고
온전하신 뜻이 무엇인지 분별하도록 하라
(로마서 12장 2절)

오직 성령의 열매는 사랑과 희락과
화평과 오래 참음과 자비와 양선과
충성과 온유와 절제니
이같은 것을 금지할 법이 없느니라
(갈라디아서 5장 22-23절)

22과

그리스도인은 어떤 모습으로 사나요?

그리스도인은 항상 모든 일에 기도하며 기쁨으로 살아요.

21과

그리스도인은 어떻게 승리하며 사나요?

그리스도인은 하나님의 전신 갑주를 입고 승리하며 살아요.

부활

예수님은 어떻게 부활하셨나요?

예수님은 역사 안에서 실제로 부활하셨어요.

종려

예수님은 고난을 앞두고 어떻게 하셨나요?

예수님은 하나님의 뜻대로 순종하셨어요.

어버이

자녀들은 부모님께 어떻게 해야 하나요?

주님 안에서 부모님께 순종해요.

어린이

예수님은 어떻게 자라나셨나요?

예수님은 자라가며 사람과 하나님께 사랑스러워 가셨어요.

성경목록가

성경약어송

그러므로 하나님의 전신 갑주를 취하라
이는 악한 날에 너희가 능히 대적하고
모든 일을 행한 후에 서기 위함이라
(에베소서 6장 13절)

아무 것도 염려하지 말고
다만 모든 일에 기도와 간구로,
너희 구할 것을 감사함으로
하나님께 아뢰라
(빌립보서 4장 6절)

내 아버지여 만일 할 만하시거든
이 잔을 내게서 지나가게 하옵소서
그러나 나의 원대로 마시옵고
아버지의 원대로 하옵소서 하시고
(마태복음 26장 39절 하반절)

장사 지낸 바 되셨다가
성경대로 사흘 만에
다시 살아나사
(고린도전서 15장 4절)

예수는 지혜와 키가 자라가며
하나님과 사람에게
더욱 사랑스러워 가시더라
(누가복음 2장 52절)

자녀들아 주 안에서
너희 부모에게 순종하라
이것이 옳으니라
(에베소서 6장 1절)

성경책을 약어로 외워보자 구약삼십구 신약이십칠
모세오경 창출레민신 역사서 수삿룻 삼상삼하
왕상왕하 대상대하 스느에 시가서 욥시잠전아
대선지서 사렘애겔단 소선지서 호욜암옵
욘미나합습학슥말 구약 삼십구

복음서 마막눅요 역사서 행
서신서 롬고전고후 갈엡빌 골살전
살후딤전딤후 딛몬히약벧전벧후
요일요이요삼유 예언서 계 신약이십칠

창세기 출애굽기 레위기 민수기 신명기 여호수아
사사기 룻기 사무엘상하 열왕기상하 역대상하
에스라 느헤미야 에스더 욥기 시편 잠언 전도서
아가 이사야 예레미야 예레미야 애가 에스겔 다니엘 호세아 요엘
아모스 오바댜 요나 미가 나훔 하박국
스바냐 학개 스가랴 말라기

마태 마가 누가 요한 사도행전 로마서 고린도전후서
갈라디아 에베소서 빌립보 골로새서 데살로니가전후
디모데전후서 디도서 빌레몬서 히브리서
야고보서 베드로전후서 요한일이삼 유다 요한계시록
구약은 삼십구 신약이십칠 성경말씀 육십육
하나님 사랑 가득한 성경책

1과

예수님은 제자들에게 무엇을 명령하셨나요?

하나님 나라 증인 결심 액자

풀칠하는 곳

나 ______ 은(는) **하나님 나라**를 **전파**하는 **증인**이 되겠습니다!

하나님 나라 증인의 일주일

주일	월요일	화요일	수요일	목요일	금요일	토요일

오직 성령이 너희에게 임하시면 너희가 권능을 받고
예루살렘과 온 유대와 사마리아와 땅 끝까지 이르러 내 증인이 되리라 하시니라_사도행전 1장 8절

붙이는 곳

2과 교회가 해야 할 일은 무엇인가요?

제비뽑기 이름표

3과 하나님 나라는 어떻게 전파되나요?

붙임 딱지

친구야,
예수님의
이름으로

친구야,
예수님의
이름으로

친구야,
예수님의
이름으로

무섭고 걱정될 때,
너에게 용기를
주시도록 기도할게.

외롭고 지칠 때,
너와 함께할게.

아프고 연약할 때,
너를 도와줄게.

하나님 나라는 어려움 속에서 어떻게 전파되나요?

전도 딱지

교회에 오랫동안 안 나온 친구에게

예수님을 모르는 친구에게

힘들고 외로운 친구에게

부르심 표정 카드 만들기

부르심 표정 카드

나는
하나님 나라
전파를 위해

____

____

을(를)
하겠어요!

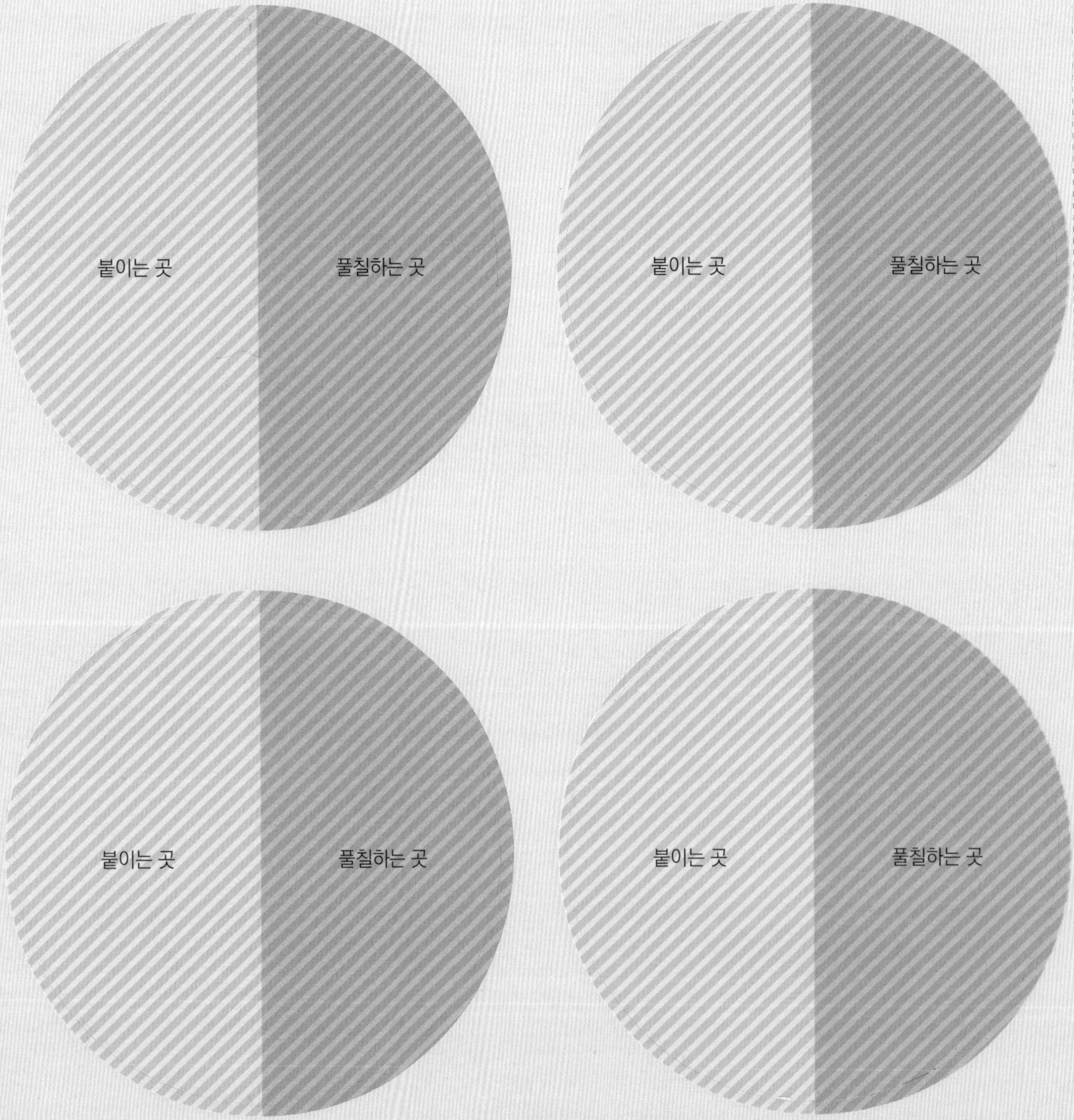
붙이는 곳
풀칠하는 곳
붙이는 곳
풀칠하는 곳
붙이는 곳
풀칠하는 곳
붙이는 곳
풀칠하는 곳

9과 교회는 서로 어떻게 도와야 하나요?

교회 세움 블록

나는
선교지의
교회를 위해

[기도] [봉사] [헌금]
[서로 사랑]하겠어요!

나는 힘든
교회를 위해

[기도] [봉사]
[헌금]
[서로 사랑]
하겠어요!

나는 우리 교회를 위해

[기도] [봉사] [헌금] [서로 사랑]

하겠어요!

13과 복음은 무엇인가요?

복음 자랑 가방 고리 만들기

나 ______(은)는
예수님이
정말 좋아요!

15과

복음을 믿는 사람은 무엇을 따르나요?
성령의 생각 창문

하나님의 뜻을 따라 살아가는 ____________의 믿음 생활 방식표

아침에 일어나서	하나님이 주신 내 몸을 위해	가정에서	학교에서	나의 언어 생활에서	잠들기 전에
				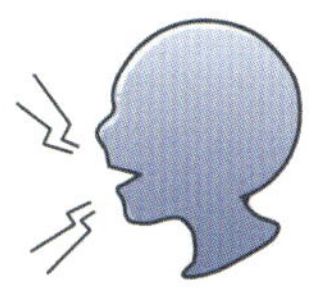	
예 감사 기도를 드려요.	예 불량식품을 먹지 않아요.	예 부모님께 순종해요.			

OK OK OK OK OK OK

18과 교회는 무엇으로 하나 되나요?

하트 카드 만들기

__________, 안녕?

나는 __________(이)야.

예수님처럼 나도 너를 사랑해.

너에게 그 사랑을 보여주고 싶어.

내가 ______________________________

예수님 안에서

우린 하나야.

19과

교회는 어떤 곳인가요?

보배이신 예수님

20과 그리스도인은 어떤 열매를 맺으며 살아야 하나요?

나무, 성령의 열매

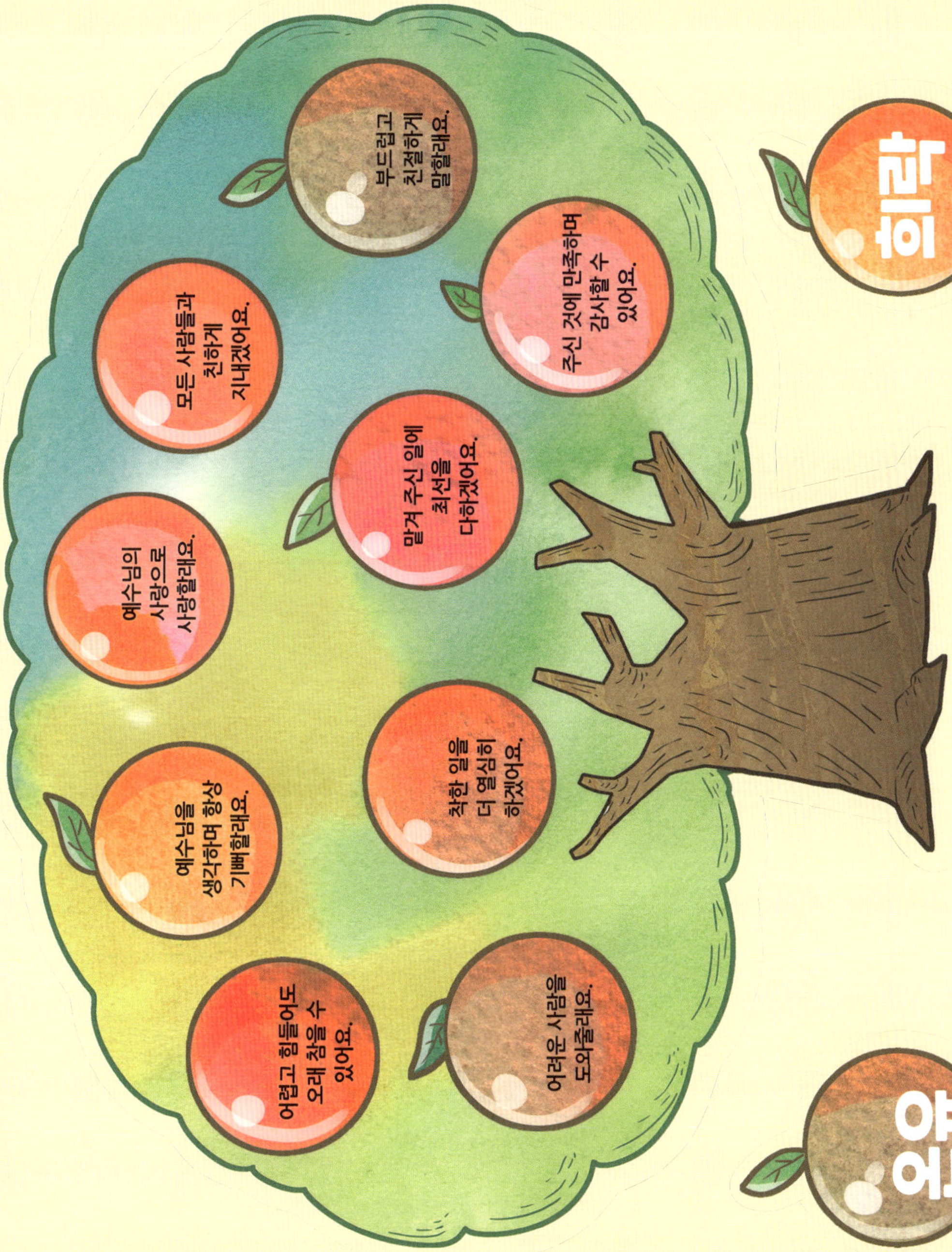

기쁨 기도 달력

주 안에서 항상 기뻐하라 내가 다시 말하노니 기뻐하라(빌립보서 4장 4절)

주일	월	화	수	목	금	토
온 맘 다해 하나님을 기쁨으로 예배하기 원해요.	예수님 안에서 항상 기뻐하게 해주세요.	나를 위한 기도	공부할 때 지혜를 주세요.	친구들에게 예수님의 사랑을 전하고 싶어요.	가족들의 건강을 지켜 주세요.	우리 반을 위한 기도

아무 것도 염려하지 말고 다만 모든 일에 기도와 간구로,
너희 구할 것을 감사함으로 하나님께 아뢰라(빌립보서 4장 6절)

풀칠하는 곳

붙이는 곳

종려 주일

예수님은 고난을 앞두고 어떻게 하셨나요?

순종 십자가

주일 마가복음 11:1-10

내가 가진 것을
하나님께 겸손히
드리겠습니다!

월요일 마태복음 21:12-17

화요일 마태복음 21:28-32

수요일 마태복음 25:1-13

목요일 요한복음 13:31-35

금요일 누가복음 23:26-33

토요일 마태복음 27:62-66

어린이 주일

예수님은 어떻게 자라나셨나요?
사랑 화분

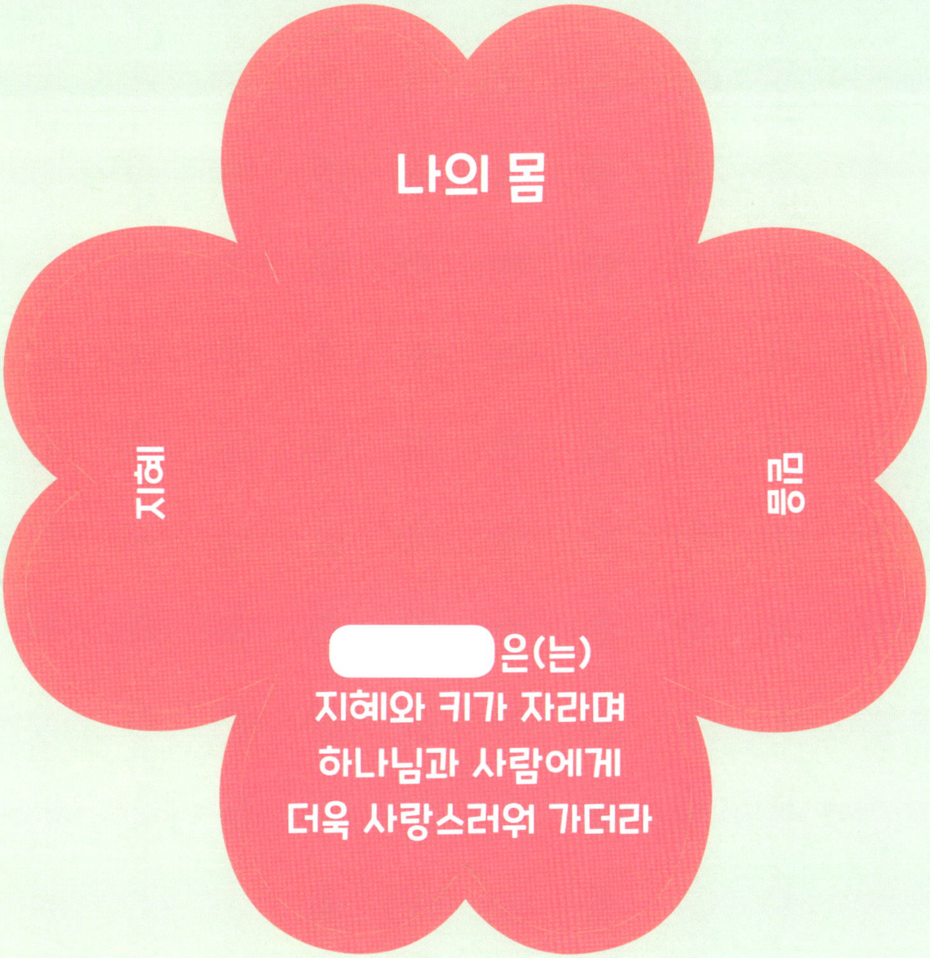

붙이는 곳
붙이는 곳

어버이 주일

자녀들은 부모님께 어떻게 해야 하나요?

순종 사랑 카드

붙이는 곳
붙이는 곳

어버이 주일

자녀들은 부모님께 어떻게 해야 하나요?

순종 사랑 손

1과 하나님 나라 증인 결심 스티커

행 1:8
암송하기

가정용
미션북
완성하기

유년부 앱으로
성경 스토리
보기

주일예배를
위해
기도하기

하나님 나라를
위해
기도하기

교회 다니지
않는 친구에게
주보 또는
전도지 주기

복음을 전할 수
있는 성령의
능력을 주시도록
기도하기

4과 지혜와 성령의 능력 스티커

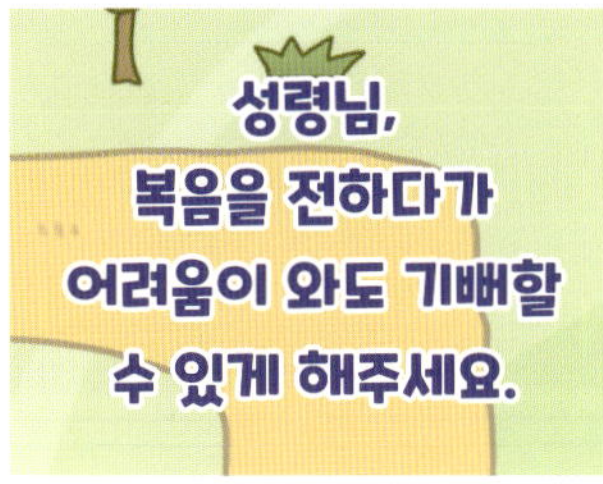

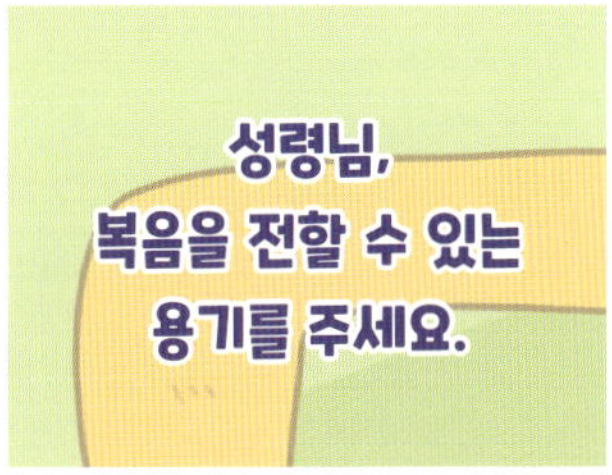

5과 사건 스티커, 화살표 스티커

5과 전도 딱지 스티커

학원에서

학교에서

예수님이
너와
함께 하셔

예수님이
너를
기다리셔

예수님이
너를
사랑하셔

6과 단어 스티커

예루살렘

수레

선지자의 글

세례

7과 인물 스티커

8과 전도에 대한 나의 생각 스티커

전도는 어른만 할 수 있어요.

전도를 하면 행복해요.

전도할 친구가 없어요.

제가 좋아하는 친구만
전도하고 싶어요.

전도하는 것이
어렵지 않아요.

예수님을 모르는 사람을 보면
복음을 전하고 싶어요.

전도를 하면 친구가
나를 싫어할 것 같아요.

나쁜 짓을 하는
친구는 전도하면 안되요.

8과 성경이 말하는 전도는? 스티커

또 이르시되
너희는 온 천하에 다니며
만민에게 복음을 전파하라
(마가복음 16장 15절)

하나님은 모든 사람이
구원을 받으며
진리를 아는 데에 이르기를
원하시느니라
(디모데전서 2장 4절)

9과 사건 스티커

10과 십자가 스티커

12과 지도 그림 스티커

12과 증인 스티커

증인 증인

14과 아멘 스티커

아멘 아멘 아멘 아멘 아멘 아멘 아멘

15과 생각 스티커

죽음

욕설

내 마음대로 할래

하나님의 말씀

생명과 평안

세워주는 말

15과 성령의 생각 스티커

필요한 것을
주시는
하나님께
감사하자.

친구를 위해
기도하자.

이웃을
내 몸과 같이
사랑하자.

내 입술로
하나님만
찬양하자.

16과 빙고 스티커

핍박하는 사람들을
축복하라

기뻐하는 사람들과
함께 기뻐하라

슬퍼하는 사람들과
함께 슬퍼하라

교만한 마음을
품지 말라

원수를 갚지 말고
먹을 것을 주라

악을 악으로 갚지 말라

스스로 지혜있는
척하지 말라

모든 사람이 보기에
선한 일을 하라

모든 사람과 더불어
화목하라

악에게 지지 말고
선으로 악을 이기라

17과 동역자 스티커

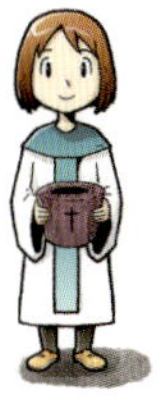

18과 사랑 스티커

오래 참는 것

무례히 행하지

불의를 기뻐하지

모든 것을 믿는 것

시기하지

진리와 함께 기뻐하는 것

모든 것을 바라는 것

모든 것을 참는 것

악한 것을 생각하지

자기의 유익을 구하지

자랑하지

20과 성령의 열매 스티커

21과 전신 갑주 스티커

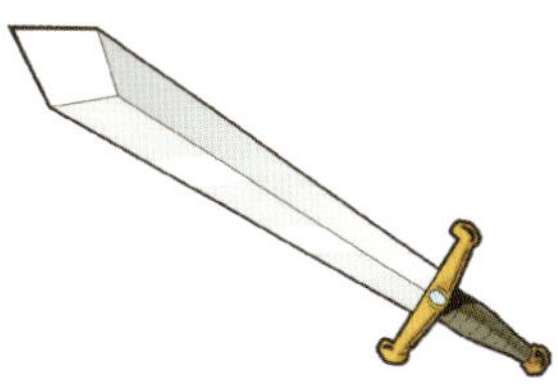

22과 기쁜 얼굴 스티커

종려주일 말풍선 스티커

시험에 들지
않게 깨어
기도하라!

내가 저기 가서
기도할 동안에
너희는 여기 앉아
있으라

나의 원대로
마시옵고
아버지의 원대로
하옵소서

일어나라
함께 가자
보라 나를 파는 자가
가까이 왔느니라

종려주일 순종 십자가 기도제목 스티커

성전인 내 몸과 마음을
예수님의 피로
깨끗하게 씻어주세요!

나를 향한
하나님의 뜻에
순종하겠습니다!

나를 위해 죽으신
예수님을 날마다
묵상하겠습니다!

깨어 기도함으로
다시 오실 예수님을
기다리겠습니다!

가족과 이웃을
예수님의 사랑으로
사랑하겠습니다!

부활하신 예수님을
기억하며 날마다 소망을
품고 살아가겠습니다!

종려주일 순종 십자가 스티커

부활주일 동영상 채널 스티커

어린이 주일 성장앨범 스티커

유년부 3과정·1학기 학생용

교회 :

이름 :

기획 | 총회교육개발원
총회교육개발원 원장 | 노영주
총회교육개발원 차장 | 나현규
교육과정 | 김광열 김희석 김희자 신국원 유은희 이관직 조호형
공과집필 | 성초희 문성광 김온유 김지나 박혜진 문찬호 손혜인 이다현 양시온 이승영 이여름 최강현 홍은영
감수 | (교수) 김대웅 김대혁 김요섭 김희자 이상웅 이종민 조호형 황성일 (목회자) 송태근 권순웅 김종준 옥성석 오원석
교정 | 박운희 **그림** | 이무현 **표지·내지 디자인** | 지온커뮤니케이션
App 개발 | cubelean(한셈)

하나바이블

인쇄일 | 2022년 11월 11일 **발행일** | 2022년 11월 25일
편집 | 대한예수교장로회총회 교육개발원
제작 | 대한예수교장로회총회 출판부
출판국장 | 김귀분 **마케팅 부장** | 김경환
발행 | 대한예수교장로회총회
주소 | 06177 서울시 강남구 영동대로 330
전화 | 02-559-5648(교육개발원) 02-559-5655~7(출판국)
팩스 | 02-559-8490(교육개발원) 02-6940-9384(출판국)
홈페이지 | www.총회교육.com www.holyonebook.com
제조국 | 대한민국

ISBN 979-11-92120-65-2(04230)
979-11-92120-60-7(04230) 세트

값 7,500원

하나 바이블

The Kingdom of God in the Bible
하나 바이블은 성경 속에서 **하나님 나라**를 배우는 책입니다.
왕관은 하나님의 통치, 길은 하나님 나라 백성의 삶을 의미합니다.

가정용
미션북

유년부
3과정·1학기
학생용

"하나님 나라의 전파"

하나 바이블

대한예수교장로회총회

하나 바이블

The Kingdom of God in the Bible
하나 바이블은 성경 속에서 **하나님 나라**를 배우는 책입니다.
왕관은 하나님의 통치, 길은 하나님 나라 백성의 삶을 의미합니다.

가정용
미션북

유년부
3과정·1학기
학생용

"하나님 나라의
전파"

하나 바이블

대한예수교장로회총회

유년부 3과정 1학기

1단원 예수님의 명령대로 전파되는 하나님 나라

2단원 하나님의 말씀대로 전파되는 하나님 나라

3단원 땅끝을 향해 전파되는 하나님 나라

성경 약어송

하나바이블 3과정 1학기
유초등부 특별송

[♩= 140]

작곡 이정인

성경 약자표

구약

율법서

창	1 창세기
출	2 출애굽기
레	3 레위기
민	4 민수기
신	5 신명기

역사서

수	6 여호수아
삿	7 사사기
룻	8 룻기
삼상	9 사무엘상
삼하	10 사무엘하
왕상	11 열왕기상
왕하	12 열왕기하
대상	13 역대상
대하	14 역대하
스	15 에스라
느	16 느헤미야
에	17 에스더

시가서

욥	18 욥기
시	19 시편
잠	20 잠언
전	21 전도서
아	22 아가

대선지서

사	23 이사야
렘	24 예레미야
애	25 예레미야애가
겔	26 에스겔
단	27 다니엘

소선지서

호	28 호세아
욜	29 요엘
암	30 아모스
옵	31 오바댜
욘	32 요나
미	33 미가
나	34 나훔
합	35 하박국
습	36 스바냐
학	37 학개
슥	38 스가랴
말	39 말라기

신약

복음서

마	1 마태복음
막	2 마가복음
눅	3 누가복음
요	4 요한복음

역사서

행	5 사도행전

바울서신서

롬	6 로마서
고전	7 고린도전서
고후	8 고린도후서
갈	9 갈라디아서
엡	10 에베소서
빌	11 빌립보서
골	12 골로새서
살전	13 데살로니가전서
살후	14 데살로니가후서

바울서신서

딤전	15 디모데전서
딤후	16 디모데후서
딛	17 디도서
몬	18 빌레몬서

일반서신서

히	19 히브리서
약	20 야고보서
벧전	21 베드로전서
벧후	22 베드로후서
요일	23 요한일서
요이	24 요한이서
요삼	25 요한삼서
유	26 유다서

예언서

계	27 요한계시록

성경 66권 중 구약과 신약은 각각 몇 권일까요?

3 × 9 = 27

구약 39권 신약 27권

성경은 구약 39권, 신약 27권으로 나누어져 있어요.
3×9=27로 쉽게 기억하세요!

미션북 활용법

주일뿐만 아니라 **매일매일** 하나님 나라를 배워요.
교회에서뿐만 아니라 **집에서도** 하나님 말씀을 가까이해요.
혼자서뿐만 아니라 **가족과 함께** 말씀을 실천해요.
주중에 미션을 실천한 후 네모 박스에 체크해요.

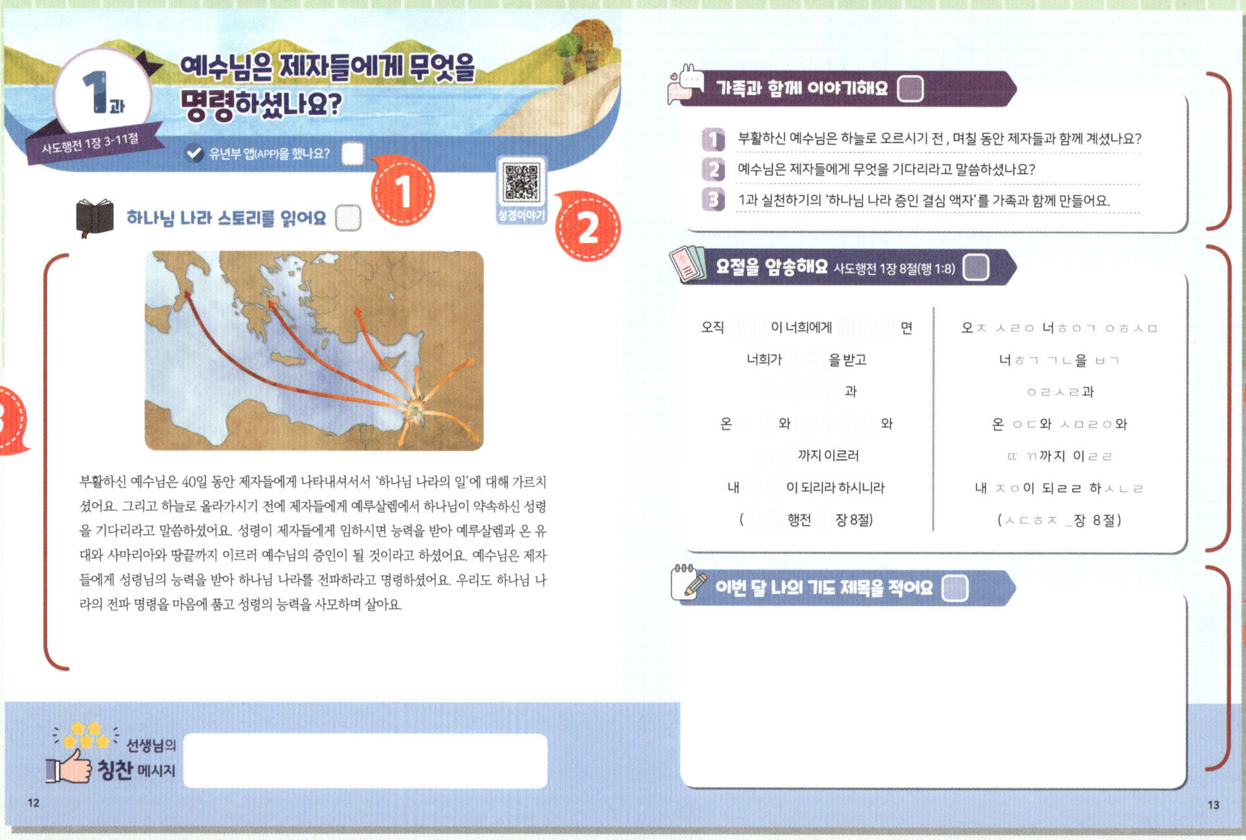

7
이번 학기는
미션북 64p에 있습니다.

8

1. **유년부 앱(APP)을 한다.**
앱을 통해서 주일에 배운 공과 내용을 복습해요.

2. **성경 이야기 영상을 본다.**
주일에 배운 성경 본문 이야기를 영상으로 복습해요.

3. **하나님 나라 스토리를 읽는다.**
성경 그림과 글을 연결시켜서 생각해 보세요.
인물의 이름에 동그라미를 하면서 읽어 보세요. 더 재미있게 읽을 수 있어요.

4. **가족과 함께 이야기하고 말씀을 실천한다.**

5. **요절 말씀을 다양한 방법으로 암송한다.**
빈칸에 단어를 채워 넣고 요절을 암송해요.
초성으로 단어를 완성해서 요절을 완성해요.

6. **매주 특별 미션을 완성한다.**
1주는 이번 달 나의 기도 제목을 적어요.
2주는 단원 찬양을 보고 기억에 남는 단어와 가사를 적어요.
3주는 이번 달 특별 미션을 완성해요.
4주는 감사 제목 5가지를 적어요.

7. **주일에 선생님께 확인을 받는다(미션북 64쪽).**

8. **미션북 가정 체크 리스트(별지)**
매주 미션북을 했다면 스스로 매 주일 하나씩 스티커를 붙여 보세요.

유년부 통합앱 활용법

[하나 바이블] 유년부 앱(APP)은
종이 교재를 벗어나 **입체적인 신앙교육**을 가능하게 해요.
하나 바이블 유년부 앱을 통해 주일에 배운 내용을
애니메이션 영상과 찬양, 게임 등의 다양한 활동으로
언제든지 학습할 수 있어요.

사용법/
앱다운로드

1단계

구글 플레이 /
애플 앱스토어 에서
"하나 바이블 유년부"
앱을 내려 받아
설치해주세요.

—

안드로드폰과 아이폰에서
모두 사용할 수 있어요.

2단계

하나 바이블
유년부 앱을
실행한 후
'학생/학부모입니다.'를
선택해요.

—

학생/학부모는
회원가입을 하지 않아도
사용할 수 있어요.

3단계

사용하는 공과의
과정을 선택하고
보고 싶은 영상을
시청해요.

—

성경 스토리, 단원 찬양, 챈트,
미션북 정답, QT, 신앙점검,
음악 감상, 게임 등을
할 수 있어요.

4단계

매일 '신앙점검'에서
성경 읽기 체크, 기도,
감사, 세 줄 일기를 써요.

5단계

주중에는 미션북과
함께 영상을 보면서
배운 내용을 삶에서
실천해요.

우리 반을 소개합니다

선생님 이름 :

생일 :

좋아하는 음식 :

잘 하는 것:

친구 이름 :

생일 :

좋아하는 음식 :

잘하는 것 :

친구 이름 :

생일 :

좋아하는 음식 :

잘하는 것 :

친구 이름 :

생일 :

좋아하는 음식 :

잘하는 것 :

친구 이름 :

생일 :

좋아하는 음식 :

잘하는 것 :

친구 이름 :

생일 :

좋아하는 음식 :

잘하는 것 :

친구 이름 :

생일 :

좋아하는 음식 :

잘하는 것 :

친구 이름 :

생일 :

좋아하는 음식 :

잘하는 것 :

성경말씀 찾는 방법

1. 구약인지 신약인지 찾아요.

성경은 구약과 신약으로 나누어져 있어요.

2. 성경책 옆에 있는 약자를 찾아 성경을 펴요.

약자는 성경책명을 줄이는 방식으로 되어 있어요.

3. 장을 찾아요.

성경의 큰 숫자는 장을 나타내요.

4. 절을 찾아요.

성경의 작은 숫자는 절을 나타내요.

5. 성경 목록가와 성경 약어송을 들어요.

성경 목록과 성경 약어를 알면 성경말씀을 더 잘 찾을 수 있어요.

성경 목록가

성경 약어송

성경말씀을 찾는 방법을 연습해 보아요!

사도행전 1장 8절

① 사도행전은 구약인가요, 신약인가요? ▶ ② 사도행전의 약자는 무엇인가요?
▶ ③ 큰 숫자 1을 찾았나요? ▶ ④ 작은 숫자 8을 찾았나요? ▶ ⑤ 아래에 찾은 구절을 적어 보세요.

*정답: 오직 성령이 너희에게 임하시면 너희가 권능을 받고 예루살렘과 온 유대와 사마리아와 땅 끝까지 이르러 내 증인이 되리라 하시니라

고린도전서 13장 4절

① 고린도전서는 구약인가요, 신약인가요? ▶ ② 고린도전서의 약자는 무엇인가요?
▶ ③ 큰 숫자 13을 찾았나요? ▶ ④ 작은 숫자 4를 찾았나요? ▶ ⑤ 아래에 찾은 구절을 적어 보세요.

*정답: 사랑은 오래 참고 사랑은 온유하며 시기하지 아니하며 사랑은 자랑하지 아니하며 교만하지 아니하며

에베소서 6장 1절

① 에베소서는 구약인가요, 신약인가요? ▶ ② 에베소서의 약자는 무엇인가요?
▶ ③ 큰 숫자 6을 찾았나요? ▶ ④ 작은 숫자 1을 찾았나요? ▶ ⑤ 아래에 찾은 구절을 적어 보세요.

① 누가복음은 구약인가요, 신약인가요? ▶ ② 누가복음의 약자는 무엇인가요?
▶ ③ 큰 숫자 10을 찾았나요? ▶ ④ 작은 숫자 37을 찾았나요? ▶ ⑤ 아래에 찾은 구절을 적어 보세요.

*정답: 자녀들아 주 안에서 너희 부모에게 순종하라 이것이 옳으니라

1과 예수님은 제자들에게 무엇을 명령하셨나요?

사도행전 1장 3-11절

유년부 앱(APP)을 했나요? ☐

성경이야기

하나님 나라 스토리를 읽어요 ☐

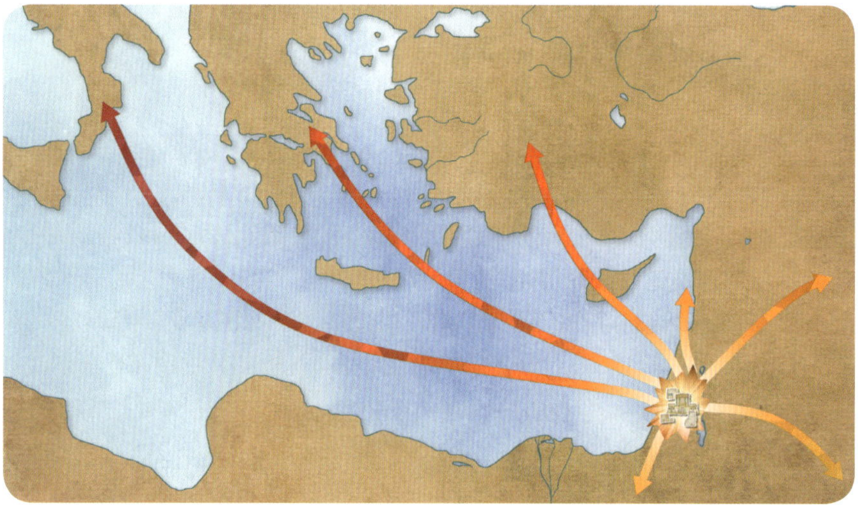

부활하신 예수님은 40일 동안 제자들에게 나타나셔서 '하나님 나라의 일'에 대해 가르치셨어요. 그리고 하늘로 올라가시기 전에 제자들에게 예루살렘에서 하나님이 약속하신 성령을 기다리라고 말씀하셨어요. 성령이 제자들에게 임하시면 능력을 받아 예루살렘과 온 유대와 사마리아와 땅끝까지 이르러 예수님의 증인이 될 것이라고 하셨어요. 예수님은 제자들에게 성령님의 능력을 받아 하나님 나라를 전파하라고 명령하셨어요. 우리도 하나님 나라의 전파 명령을 마음에 품고 성령의 능력을 사모하며 살아요.

선생님의 칭찬 메시지

가족과 함께 이야기해요

1. 부활하신 예수님은 하늘로 오르시기 전 , 며칠 동안 제자들과 함께 계셨나요?
2. 예수님은 제자들에게 무엇을 기다리라고 말씀하셨나요?
3. 1과 실천하기의 '하나님 나라 증인 결심 액자'를 가족과 함께 만들어요.

요절을 암송해요 사도행전 1장 8절(행 1:8)

오직 ☐☐이 너희에게 ☐☐☐면
너희가 ☐☐을 받고
☐☐☐☐과
온 ☐☐와 ☐☐☐☐와
☐☐까지 이르러
내 ☐☐이 되리라 하시니라
(☐☐행전 ☐장 8절)

오ㅈ ㅅㄹㅇ 너ㅎㅇㄱ ㅇㅎㅅㅁ
너ㅎㄱ ㄱㄴ을 ㅂㄱ
ㅇㄹㅅㄹ과
온 ㅇㄷ와 ㅅㅁㄹㅇ와
ㄸ ㄲ까지 이ㄹㄹ
내 ㅈㅇ이 되ㄹㄹ 하ㅅㄴㄹ
(ㅅㄷㅎㅈ _장 8절)

이번 달 나의 기도 제목을 적어요

2과

교회가 해야 할 일은 무엇인가요?

사도행전 2장 43-47절

유년부 앱(APP)을 했나요?

성경이야기

하나님 나라 스토리를 읽어요

오순절이 되었어요. 예수님의 말씀을 따라서 제자들은 예루살렘에 모였어요. 하나님은 모여 있던 사람들에게 약속하신 성령을 보내주셨어요. 그들이 성령의 충만함을 받았어요. 성령을 선물로 받은 사람들이 모였어요. 그들은 사도의 가르침을 받았어요. 물건을 서로 통용하고 서로 필요한 것을 나눠주었어요. 날마다 마음을 같이하여 성전에 모이기를 노력했어요. 하나 된 예루살렘교회는 하나님을 찬양하고 온 백성에게 칭찬을 받았어요. 그러자 구원받는 사람들이 더 많아졌어요. 하나님 나라가 전파되었어요. 교회는 하나님, 예수님 그리고 성령님 안에서 하나 된 하나님 나라 백성의 모임이에요. 하나님 나라를 전파하는 교회는 하나가 되어 필요한 것을 나눠요. 우리도 교회에 모이기를 힘쓰고 서로 나누어요.

선생님의 칭찬 메시지

가족과 함께 이야기해요

1. 예수님이 약속하신 성령님이 언제 오셨나요?
2. 교회는 어떤 모임인가요?
3. 2과 실천하기의 '도움친구게임'을 위한 준비를 가족과 함께 해요.

요절을 암송해요 사도행전 2장 47절(행 2:47)

하 찬

또 온 칭송을

주 구 사람을

더 하시니라

(행전 장 47절)

하ㄴㄴㅇ 찬미ㅎㅁ

또 ㅇ ㅂㅅㅇㄱ 칭ㅅㅇ 받ㅇㄴ

주ㄲㅅ 구ㅇ ㅂㄴ ㅅㄹㅇ

날ㅁㄷ ㄷㅎㄱ 하ㅅㄴㄹ

(ㅅㄷㅎㅈ _장 47절)

단원 찬양을 보고 기억에 남는 단어와 가사를 적어요

1단원 찬양

3과 하나님 나라는 어떻게 전파되나요?

사도행전 3장 1-10절

유년부 앱(APP)을 했나요? ☐

성경이야기

하나님 나라 스토리를 읽어요 ☐

베드로와 요한이 기도하기 위해 성전에 올라갔어요. 성전 미문 앞에는 태어나면서부터 걷지 못하는 한 사람이 구걸하고 있었어요. 그 사람이 베드로와 요한을 보고 구걸했어요. 베드로는 "은과 금은 내게 없거니와 내게 있는 이것을 네게 주노니 나사렛 예수 그리스도의 이름으로 일어나 걸으라"라고 말하며 그의 오른손을 잡아 일으켰어요. 그 사람의 발과 발목에 힘이 생겼어요. 그는 베드로와 요한과 함께 성전으로 들어가면서 걷기도 하고 뛰기도 하면서 하나님을 찬송했어요. 그러자 모든 백성이 그 사람을 보고 심히 놀랍게 여겼어요. 이처럼 예수님의 이름에는 놀라운 능력이 있어요. 하나님 나라는 예수님의 이름의 능력으로 전파돼요. 우리도 예수님의 이름을 힘입어 이웃을 섬기고 사랑해요.

선생님의 칭찬 메시지

가족과 함께 이야기해요

1. 베드로와 요한은 성전 미문에서 누구를 만났나요?
2. 베드로와 요한은 성전 미문에서 만난 사람에게 무엇으로 일어나 걸으라고 말했나요?
3. 3과 실천하기에서 친구를 도와주며 할 이야기를 가족과 함께 해요.

요절을 암송해요 사도행전 3장 6절(행 3:6)

가 이르되 과 은
내게 없거니와
내게 있는 을 네게 니
나사렛 의
으로 일어나 하고
(행전 장 6절)

베ㄷㄹㄱ 이ㄹㄷ 은ㄱ ㄱㅇ
내ㄱ ㅇㄱㄴㅇ
내ㄱ ㅇㄴ ㅇㄱㅇ ㄴㄱ ㅈㄴㄴ
나ㅅㄹ ㅇㅅ ㄱㄹㅅㄷ의
ㅇㄹㅇㄹ ㅇㅇㄴ ㄱㅇ라 ㅎ고
(ㅅㄷㅎㅈ _장 6절)

이번 달 특별 미션

우리 반 친구의 이름을 모두 외어서 적어보세요.

4과 하나님 나라를 전파할 때 무엇을 의지하나요?

사도행전 6장 8-15절

유년부 앱(APP)을 했나요? ☐

성경이야기

하나님 나라 스토리를 읽어요 ☐

예루살렘교회는 성령과 지혜가 충만하여 칭찬받는 일곱 명을 집사로 세웠어요. 그중 스데반 집사는 은혜와 권능이 충만하여 큰 기적과 표적을 사람들 사이에서 행했어요. 스데반은 지혜와 성령으로 복음을 전했어요. 스데반은 복음을 전하다 공회에 잡혀왔어요. 거짓 증인들이 스데반을 공격했어요. 하지만 스데반의 얼굴은 천사의 얼굴과 같았어요. 스데반은 지혜와 성령의 능력으로 계속 복음을 전했어요. 스데반이 어려움 속에서도 포기하지 않고 복음을 전할 수 있었던 이유는 성령님을 의지했기 때문이에요. 하나님 나라는 지혜와 성령의 능력으로 전파돼요. 우리도 지혜와 성령의 능력을 의지해 하나님 나라를 전파해요.

선생님의 칭찬 메시지

가족과 함께 이야기해요

1 예루살렘교회는 성령과 지혜가 충만한 집사를 몇 명 세웠나요?

2 스데반이 방해와 어려움 속에서도 끝까지 복음을 전할 수 있었던 이유는 무엇인가요?

3 4과 실천하기에서 성령의 능력과 지혜 스티커 내용을 가족과 함께 나눠요.

요절을 암송해요 사도행전 6장 10절(행 6:10)

이 와
으로
말함을 이
능히 지 못하여
(행전 장 10절)

스ㄷㅂㅇ 지ㅎㅇ
ㅅㄹㅇㄹ
말ㅎㅇ 그ㄷㅇ
ㄴㅎ ㄷㅎㅈ ㅁㅎㅇ
(ㅅㄷㅎㅈ _장 10절)

감사 제목 5가지를 적고, 감사를 표현해요

1

2

3

4

5

5과

하나님 나라는 어려움 속에서 어떻게 전파되나요?

사도행전 8장 1-8절

유년부 앱(APP)을 했나요?

성경이야기

하나님 나라 스토리를 읽어요

스데반이 복음을 전하다가 죽게 된 후 예루살렘교회는 큰 박해를 받았어요. 사울은 예수님을 믿는 사람이 있다면 어디든 찾아가서 붙잡아, 감옥에 가두었어요. 성도들은 박해를 피해 여기저기로 흩어졌어요. 하지만 흩어진 곳에서 두루 다니며 복음을 전했어요.

흩어진 사람 중에 빌립은 사마리아 성에 내려가서 그리스도를 전했고, 사람들은 복음을 받아들였어요. 많은 사람에게서 더러운 귀신이 나가고 중풍병자와 못 걷는 사람이 나았어요. 사마리아 성에 큰 기쁨이 넘쳤어요. 하나님 나라는 어려움 속에서도 하나님의 말씀대로 전파돼요. 우리도 어려운 상황에 있더라도 '있는 곳'에서 복음을 전해요.

선생님의 **칭찬** 메시지

가족과 함께 이야기해요

1. 스데반이 복음을 전하다가 죽게 된 후 예루살렘교회에는 어떤 일이 생겼나요?
2. 빌립은 어디로 가서 복음을 전했나요?
3. 5과 실천하기의 '전도 딱지'를 가족과 함께해요.

요절을 암송해요 사도행전 8장 5절(행 8:5)

이 성에
내려가
를
백성에게 하니
(행전 장 5절)

빌ㄹㅇ ㅅㅁㄹㅇ ㅅㅇ
ㄴㄹ가
그ㄹㅅㄷㄹ
ㅂㅅㅇㄱ ㅈㅍㅎ니
(ㅅㄷㅎㅈ _장 5절)

이번 달 나의 기도 제목을 적어요

6과 하나님은 누구를 만나게 하시나요?

사도행전 8장 26-40절

유년부 앱(APP)을 했나요? ☐

성경이야기

하나님 나라 스토리를 읽어요 ☐

빌립이 사마리아 여러 마을에서 복음을 전했어요. 주의 사자가 빌립에게 나타나 예루살렘에서 가사로 내려가는 길로 가라고 했어요. 그 길은 광야예요. 빌립은 가는 길에 수레를 타고 가는 에디오피아 사람을 만났어요. 그는 예루살렘에 예배하러 왔다가 돌아가는 길이었어요. 에디오피아 사람은 성경을 읽고 있었지만, 그 뜻을 이해할 수 없었어요. 빌립은 에디오피아 사람에게 성경의 내용을 설명해 주었어요. 빌립은 이사야의 말씀에 나온 어린 양이 예수님이라는 사실을 알려주었어요. 에디오피아 사람은 복음을 듣고 예수님을 믿게 되었어요. 빌립은 그 사람에게 세례를 주었어요. 하나님의 나라는 만남을 통해 전파돼요. 하나님은 복음이 필요한 사람을 만나게 하세요. 우리도 하나님이 이끄시는 만남을 위해 기도하고 준비를 해요.

선생님의 칭찬 메시지

가족과 함께 이야기해요

1 빌립은 광야에서 누구를 만났나요?

2 빌립은 복음을 듣고 예수님을 믿게 된 사람에게 무엇을 주었나요?

3 6과 실천하기의 '만남일지'를 가족과 함께 해요.

요절을 암송해요 사도행전 8장 29절(행 8:29)

이 더러
이르시되
이 로 가까이
라 하시거늘
(행전 장 29절)

성ㄹㅇ ㅂㄹㄷㄹ
ㅇㄹㅅㄷ
이 ㅅㄹㄹ ㄱㄲㅇ
ㄴㅇㄱㄹ 하ㅅㄱㄴ
(ㅅㄷㅎㅈ _장 29절)

단원 찬양을 보고 기억에 남는 단어와 가사를 적어요

2단원 찬양

7과 하나님 나라는 누구를 통해 전파되나요?

사도행전 9장 1-16절

유년부 앱(APP)을 했나요? ☐

성경이야기

하나님 나라 스토리를 읽어요 ☐

사울은 예수님을 믿는 사람들을 잡기 위해 대제사장에게 공문을 청하고, 다메섹으로 갔어요. 사울은 다메섹으로 가던 중에 갑자기 하늘에서 밝은 빛과 함께 '왜 나를 박해하느냐'고 말씀하시는 부활하신 예수님을 만나게 되었어요. 그 후 사울은 사흘 동안 보지 못하고 먹지도 마시지도 않았어요. 그때 주께서 다메섹에 있는 아나니아에게 사울에 대해 다음과 같이 말씀해 주셨어요. "이 사람은 내 이름을 이방인과 임금들과 이스라엘 자손들에게 전하기 위하여 택한 나의 그릇이라" 예수님의 말씀을 들은 아나니아는 사울을 찾아가 기도해주었어요. 사울은 눈에서 비늘 같은 것이 벗어져 다시 보게 되었고, 세례를 받았어요. 사울은 열심히 복음을 전하는 사람으로 변화되었고, 예수님을 믿는 사람들의 수가 점점 늘어났어요. 하나님 나라는 부활하신 예수님을 만나 부르심을 받은 사람을 통해 전파돼요. 우리도 하나님 나라 전파를 위해 부르심 받았다는 것을 알아야 해요.

선생님의 칭찬 메시지

가족과 함께 이야기해요

1. 사울은 다메섹으로 가는 중에 누구를 만났나요?
2. 예수님의 말씀을 듣고 다메섹에 있던 사울을 찾아가서 기도해준 사람은 누구인가요?
3. 7과 실천하기의 '부르심 표정 카드'를 가족과 함께 해요.

요절을 암송해요 사도행전 9장 15절 하반절 (행 9:15 하)

이 ___ 은 내 ___ 을
___ 과 ___ 들과
___ 자손들에게
___ 기 위하여
택한 ___ ___ 이라
(___ 행전 ___ 장 15절 하반절)

이 ㅅㄹㅇ 내 ㅇㄹㅇ
이ㅂㅇㄱ ㅇㄱㄷㄱ
이ㅅㄹㅇ ㅈㅅㄷㅇㄱ
전ㅎㄱ ㅇㅎㅇ
택ㅎ ㄴㅇ ㄱㄹㅇㄹ
(ㅅㄷㅎㅈ _장 15절 하반절)

이번 달 특별 미션

내 주변에 예수님을 모르는 사람이 있는지 찾아보세요.

8과 하나님 나라는 누구의 인도하심으로 전파되나요?

사도행전 10장 30-35, 44-48절

유년부 앱(APP)을 했나요?

성경이야기

하나님 나라 스토리를 읽어요

로마 군인이었던 고넬료는 하나님을 사랑하며 열심히 기도하고 이웃을 섬기는 사람이었어요. 고넬료가 기도할 때 갑자기 한 사람이 빛난 옷을 입고 나타나서 베드로를 집으로 초대하라고 했어요. 고넬료는 자신의 집에 온 베드로에게 "이제 우리는 주께서 당신에게 명하신 모든 것을 듣고자 하여 하나님 앞에 있습니다."라고 말했어요. 베드로는 하나님이 사람을 외모로 보지 않고, 각 나라 중 하나님을 경외하는 사람은 다 받으신다는 것을 깨달았어요. 그리고 베드로는 이방인 고넬료 집에 모인 사람들에게 복음을 전했어요. 베드로가 복음을 전할 때 성령이 말씀을 듣는 모든 사람에게 임하셨어요. 베드로와 함께 온 신자들은 이방인들에게 성령이 임하는 것을 보고 놀랐어요. 베드로는 하나님이 이방인을 차별하지 않으심으로 이방인도 성령을 받을 수 있다는 것을 알았어요. 베드로는 고넬료 가족에게 예수 그리스도의 이름으로 세례를 베풀었어요. 하나님 나라는 우리의 생각을 넘어 성령의 인도하심으로 전파돼요. 우리도 내 생각을 내려놓고 성령의 인도하심을 따라가요.

선생님의 칭찬 메시지

가족과 함께 이야기해요

1 로마의 군인으로, 하나님을 사랑하며 열심히 기도하고 이웃을 섬긴 사람은 누구인가요?

2 베드로와 함께 온 신자들은 무엇을 보고 놀랐나요?

3 8과 실천하기에서 전도에 대한 나의 생각을 가족과 함께 나누어 보세요.

요절을 암송해요 사도행전 10장 47절(행 10:47)

이에 가 이르되
이 이 와 같이
을 받았으니
능히 로
베풂을 리요 하고
(행전 장 47절)

이ㅇ ㅂㄷㄹ가 이ㄹㄷ
이 ㅅㄹㄷㅇ 우ㄹㅇ
ㄱㅇ 성ㄹㅇ ㅂㅇㅇㄴ
누ㄱ ㄴㅎ ㅁㄹ
ㅅㄹ 베ㅍㅇ ㄱㅎㄹㅇ ㅎㄱ
(ㅅㄷㅎㅈ __장 47절)

감사 제목 5가지를 적고, 감사를 표현해요

1

2

3

4

5

9과 교회는 서로 어떻게 도와야 하나요?

사도행전 11장 19-26절

유년부 앱(APP)을 했나요? ☐

성경이야기

하나님 나라 스토리를 읽어요 ☐

스데반의 순교 후에 예루살렘교회에 많은 핍박이 있었어요. 믿는 사람들은 각 지역으로 흩어져서 복음을 전하게 되었어요. 특별히 안디옥에서는 유대인이 아닌 이방 사람들에게도 복음이 전해졌고, 많은 사람이 예수님을 믿게 되었어요. 예루살렘교회는 이 소식을 듣고 기뻐하며 바나바를 안디옥까지 보냈어요. 바나바는 안디옥에서 말씀을 전했어요. 그리고 바나바는 다소에 가서 사울을 안디옥으로 데려왔어요. 둘이 함께 안디옥교회에서 말씀을 가르쳤어요. 바나바와 바울은 안디옥교회를 견고하게 세웠어요. 그리고 안디옥에서 성도들이 처음으로 '그리스도인'으로 불렸어요. 하나님 나라는 교회가 또 다른 교회를 도움으로 전파돼요. 교회는 하나님 나라의 전파를 위해 서로 도와요. 우리도 서로 힘을 합해 교회를 돕고 섬겨요.

선생님의 칭찬 메시지

가족과 함께 이야기해요

1. 예루살렘교회는 안디옥에 누구를 보냈나요?
2. 안디옥에서 성도들이 처음으로 무엇이라고 불렸나요?
3. 9과 실천하기의 '교회 세움 블록'을 가족과 함께 해요.

요절을 암송해요 사도행전 11장 26절(행 11:26)

만나매 ___에 데리고 와서	만ㄴㅁ ㅇㄷㅇㅇ ㄷㄹㄱ ㅇ서
__이 __에 일 년간 __ 있어	둘ㅇ ㄱㅎㅇ ㅇㄴㄱ ㅁㅇ ㅇㅇ
___를 가르쳤고	큰 ㅁㄹ를 가ㄹㅊㄱ
___이 ___에서	ㅈㅈㄷㅇ 안ㄷㅇㅇㅅ
비로소 _____이라	비ㄹㅅ 그ㄹㅅㄷㅇㅇㄹ
___을 받게 되었더라	일ㅋㅇㅇ ㅂㄱ ㄷㅇㄷㄹ
(__ 행전 00장 26절)	(ㅅㄷㅎㅈ __장 26절)

이번 달 나의 기도 제목을 적어요

10과 하나님은 우리를 어디로 인도하시나요?

사도행전 16장 6-10절

유년부 앱(APP)을 했나요? ☐

성경이야기

하나님 나라 스토리를 읽어요 ☐

바울은 비두니아로 가서 복음을 전하려고 했어요. 그러나 성령님은 바울이 비두니아로 가는 것을 허락하지 않으셨어요. 그 후 바울은 마게도냐 사람이 그곳으로 건너와 자신들을 도와달라고 말하는 환상을 보게 되었어요. 바울은 이 환상을 통해 하나님이 마게도냐로 가서 복음을 전하라고 하신 것을 깨달았어요. 바울은 자신의 계획은 내려놓고 하나님의 계획에 순종하며 마게도냐로 가서 복음을 전했어요. 하나님은 복음이 필요한 곳으로 우리를 인도하세요.

선생님의 칭찬 메시지

가족과 함께 이야기해요

1. 바울은 어디로 가서 복음을 전하려고 했나요?
2. 성령님은 바울을 어디로 인도하셨나요?
3. 10과 실천하기의 '1-1-1 기도'를 가족과 함께 해요

요절을 암송해요 사도행전 16장 10절(행 16:10)

이 그 을 보았을 때	바ㅇㅇ ㄱ ㅎㅅㅇ ㅂㅇㅇ ㄸ
가 곧 로	우ㄹㄱ ㄱ 마ㄱㄷㄴㄹ
떠나기를 니	떠ㄴㄱㄹ ㅎㅆㄴ
이는 이 저 에게	이ㄴ 하ㄴㄴㅇ ㅈ ㅅㄹㄷㅇㄱ
을 전하라고	ㅂㅇㅇ ㅈㅎㄹ고
우리를 줄로 함이러라	우ㄹㄹ ㅂㄹㅅ ㅈㄹ 인ㅈㅎㅇㄹㄹ
(행전 장 10절)	(ㅅㄷㅎㅈ _장 10절)

단원 찬양을 보고 기억에 남는 단어와 가사를 적어요

3단원 찬양

11과 어려움이 찾아올 때 어떻게 해야 하나요?

사도행전 16장 25-34절

✔ 유년부 앱(APP)을 했나요? ☐

성경이야기

하나님 나라 스토리를 읽어요 ☐

바울과 실라는 하나님의 뜻을 따라 마게도냐 지방의 빌립보에 도착했어요. 바울과 실라는 복음을 전하다 잡혔어요. 바울과 실라는 많이 맞고 깊은 감옥에 갇혔어요. 그러나 한밤중에 바울과 실라는 기도하고 하나님을 찬양했어요. 그곳의 모두 죄수들이 기도와 찬양을 들었어요. 갑자기 큰 지진이 나서 옥문이 다 열리고 묶인 것이 풀렸어요. 감옥을 지키던 간수가 자다가 깨어 죄수들이 도망간 줄 알고 죽으려고 했어요. 바울이 소리를 질러 "네 몸을 상하지 말라 우리가 다 여기 있노라"라고 말했어요. 바울과 실라가 간수에게 "주 예수를 믿으라 그리하면 너와 네 집이 구원을 받으리라"라고 복음을 전했어요. 간수와 그의 온 가족이 세례를 받고 하나님을 믿었어요. 하나님의 나라는 어려움 속에서도 전파돼요. 우리는 어려움 속에서도 찬송과 기도로 복음을 전해요.

선생님의 **칭찬** 메시지

가족과 함께 이야기해요

1. 바울과 실라는 왜 감옥에 갇히게 되었나요?
2. 바울과 실라는 감옥에서 무엇을 했나요?
3. 11과 실천하기의 '노래가사 만들기'를 가족과 함께 해요.

요절을 암송해요 사도행전 16장 25절 (행 16:25)

___에 ___과	한ㅂㅈㅇ ㅂㅇㄱ
___가 기도하고	ㅅㄹㄱ 기ㄷㅎㄱ
___을 ___하매	하ㄴㄴㅇ ㅊㅅㅎㅁ
___이 듣더라	죄ㅅㄷㅇ ㄷㄷㄹ
(___행전 ___장 25절)	(ㅅㄷㅎㅈ __장 25절)

이번 달 특별 미션

내가 가장 좋아하는 찬양을 적어보고 한 주 동안 매일 찬양을 불러보세요 .

12과 하나님 나라는 어디까지 전파돼야 할까요?

사도행전 28장 23-31절

유년부 앱(APP)을 했나요?

성경이야기

하나님 나라 스토리를 읽어요

바울이 예루살렘교회를 위한 헌금을 전달하기 위해 예루살렘에 왔을 때였어요. 바울은 자신을 미워하던 유대인들로 인해 억울하게 붙들려서, 결국 로마 황제에게 재판을 받기 위해 로마에 보내졌어요. 바울은 죄수의 신분으로 자신이 머무는 집에서 나갈 수도 없는 힘든 상황이었어요. 하지만 바울은 아침부터 저녁까지 자기를 찾아 온 사람들에게 복음을 전하는 일을 쉬지 않았어요.

바울은 하나님이 주신 사명을 따라 하나님의 나라를 전파하며 주 예수 그리스도에 관한 모든 것을 담대하게 거침없이 가르쳤어요. 하나님 나라는 예수 증인을 통해 땅끝까지 전파돼요. 우리는 예수님의 증인이에요. 증인인 우리는 언제 어디서나 땅끝까지 복음을 전해요.

선생님의 칭찬 메시지

가족과 함께 이야기해요

1 로마에 도착한 바울은 어떤 상태였나요?

2 바울이 로마에서 했던 일은 무엇인가요?

3 12과 실천하기의 지도를 가족과 함께 다시 한 번 살펴보세요.

요절을 암송해요 사도행전 28장 31절(행 28:31)

의 를 하며
주 에 관한
것을
하게 없이
더라
(행전 장 31절)

하ㄴㄴㅇ ㄴㄹㄹ 전ㅍㅎㅁ
주 ㅇㅅ ㄱㄹㅅㄷㅇ ㄱㅎ
모ㄷ ㄱㅇ
담ㄷㅎㄱ ㄱㅊㅇㅇ
가ㄹㅊㄷㄹ
(ㅅㄷㅎㅈ __장 31절)

감사 제목 5가지를 적고, 감사를 표현해요

1

2

3

4

5

13과 복음은 무엇인가요?

로마서 1장 8-17절

유년부 앱(APP)을 했나요?

성경이야기

하나님 나라 스토리를 읽어요

바울은 선교여행 중에 로마교회에 편지를 썼어요. 바울은 이방인에게 복음을 전하기 위해 하나님께서 자신을 부르신 것을 알았어요. 그래서 바울은 자신이 이방인에게 빚을 졌다고 생각했어요. 그 빚을 갚기 위해 로마에 복음을 전하려고 최선을 다했어요.

바울은 복음을 부끄러워하지 않았어요. 왜냐하면 복음은 모든 믿는 자에게 구원을 주시는 하나님의 능력이기 때문이에요. 복음은 유대인과 이방인 모두에게 구원을 주시는 하나님의 능력이에요. 복음은 차별이 없어요. 그래서 바울은 복음을 자랑하는 삶을 살았어요. 바울은 로마에 보낸 편지를 통해 능력의 복음을 알려주었어요. 우리도 복음을 부끄러워하지 않고 자랑하는 마음을 가져요.

선생님의 칭찬 메시지

가족과 함께 이야기해요 □

1. 복음은 누구에게, 무엇을 주시는 하나님의 능력인가요?
2. 나는 복음을 부끄러워하는 사람인가요, 자랑하는 사람인가요?
3. 13과 실천하기의 '복음 자랑 가방 고리' 만들기를 가족과 함께 해요.

요절을 암송해요 로마서 1장 16절(롬 1:16) □

내가 □□을 □□□□하지	내ㄱ 복ㅇㅇ 부ㄲㄹㅇㅎㅈ
아니하노니 이 □□은	아ㄴㅎㄴㄴ 이 ㅂㅇㅇ
모든 □□ □에게 □□을 주시는	모ㄷ ㅁㄴ ㅈㅇㄱ ㄱㅇㅇ ㅈㅅㄴ
□□□의 □□이 됨이라	하ㄴㄴㅇ 능ㄹㅇ ㄷㅇㄹ
먼저는 □□□에게요	먼ㅈㄴ ㅇㄷㅇㅇㄱ요
그리고 □□□에게로다	그ㄹㄱ 헬ㄹㅇㅇㄱㄹㄷ
(□□서 □장 16절)	(ㄹㅁ서 _장 16절)

이번 달 나의 기도 제목을 적어요 □

14과 복음을 믿는 사람은 어떤 사람인가요?

로마서 6장 1-11절

유년부 앱(APP)을 했나요?

성경이야기

하나님 나라 스토리를 읽어요

예수님을 믿기 전 우리는 모두 죄 가운데 살았어요. 죄를 지어도 잘못된 것인지도 모르며 살았어요. 그것을 죄에게 종노릇한다고 말해요.

하지만 예수님을 믿고 난 후 우리는 완전히 달라졌어요. 왜냐하면 우리가 예수님과 하나가 되었기 때문이에요. 우리의 옛사람이 예수님과 함께 십자가에서 못 박혔어요. 이제 더 이상 우리가 죄에게 종노릇 하지 않아요. 그래서 이제 우리는 죄를 이길 수 있어요. 또한 우리는 예수님과 함께 다시 살아났어요. 그래서 이제는 하나님 나라를 위해 살 수 있어요. 우리는 이 사실을 늘 생각해야 해요.

복음을 믿는 자는 예수님과 함께 죄에 대하여는 죽고 하나님께 대하여 살아 있어요. 이제 우리는 예수님 안에서 죄의 공격을 예수님의 능력으로 이겨요.

선생님의 칭찬 메시지

가족과 함께 이야기해요

1. 예수님을 믿기 전에 우리는 어떤 모습이었나요?
2. 예수님을 믿고 난 후 우리는 어떻게 달라졌나요?
3. 14과 실천하기의 '고백문'을 가족과 함께 완성해요

요절을 암송해요 로마서 6장 11절(롬 6:11)

이와 같이 ___ ___ 도
너희 ___ ___ 을
___ 에 대하여는 ___ ___ ___ 요
___ ___ ___ ___ ___ ___ 안에서
___ ___ ___ 께 대하여는
___ ___ ___ ___ 자로 ___ ___ 지어다
(___ ___ 서 ___ 장 11절)

이ㅇ 같이 너ㅎㄷ
너희 ㅈㅅㅇ
죄ㅇ ㄷㅎㅇㄴ ㅈㅇ ㅈㅇ
그ㄹㅅㄷ 예수 ㅇㅇㅅ
하ㄴㄴㄲ ㄷㅎㅇㄴ
살아 ㅇㄴ ㅈㄹ ㅇㄱㅈㅇㄷ
(ㄹㅁ서 __장 11절)

단원 찬양을 보고 기억에 남는 단어와 가사를 적어요

4단원 찬양

15과 복음을 믿는 사람은 무엇을 따르나요?

로마서 8장 1-11절

유년부 앱(APP)을 했나요?

성경이야기

하나님 나라 스토리를 읽어요

예수님이 십자가에서 우리의 모든 죄를 대신하여 죽으셨어요. 그래서 하나님은 성령의 능력으로 우리를 죄와 사망에서 해방시켜주셨어요.

예수님을 믿지 않는 사람은 '육신을 따르는 자'라고 해요. 육신을 따라 사는 자는 육신의 일을 생각해요. 육신의 생각은 사망이고, 하나님과 원수가 되게 하고, 하나님을 기쁘시게 할 수 없어요. 그 속에 성령님이 계시지 않기 때문이에요.

예수님을 믿는 사람은 '영을 따르는 자'라고 해요. 성령님이 그 사람 안에 계세요. 영의 일을 생각해요. 영의 생각은 생명과 평안이에요. 예수님이 나를 위해 하신 일을 생각하고, 예수님을 닮은 말과 행동을 해요.

복음을 믿는 자는 성령을 따라 살아요. 우리도 성령님의 인도를 받아 하나님이 기뻐하시는 영의 생각을 하도록 해요.

선생님의 칭찬 메시지

가족과 함께 이야기해요

1. 예수님을 믿지 않는 사람은 무엇을 따라 살까요?
2. 예수님을 믿는 사람 안에는 누가 계시나요?
3. 15과 실천하기의 '성령의 생각 창문'을 가족과 함께 해요.

요절을 암송해요 로마서 8장 2절(롬 8:2)

이는 ☐☐☐☐
☐☐ 안에 있는
☐☐의 ☐☐의 법이
☐와 ☐☐의 법에서
너를 ☐☐☐☐☐이라
(☐☐서 ☐장 2절)

이ㄴ ㄱㄹㅅㄷ
ㅇㅅ ㅇㅇ ㅇㄴ
생ㅁㅇ ㅅㄹㅇ ㅂㅇ
죄ㅇ ㅅㅁㅇ ㅂㅇㅅ
너ㄹ ㅎㅂㅎㅇㅇㅇ라
(ㄹㅁ서 _장 2절)

이번 달 특별 미션

예수님을 믿기 전에 나의 모습과 지금 나의 모습에 달라진 점이 있다면 적어보세요.

16과 복음을 믿는 사람은 어떻게 살아야 하나요?

로마서 12장 1-2, 14-21절

유년부 앱(APP)을 했나요? ☐

성경이야기

하나님 나라 스토리를 읽어요 ☐

바울은 복음을 믿고 구원받은 사람이 어떻게 살아야 하는지 알려줬어요. "너희 몸을 하나님이 기뻐하시는 거룩한 산 제물로 드리라"라고 했어요. 자신을 거룩하게 구별하여 하나님께 드리는 거예요. 이것은 온 마음과 몸으로 하나님을 예배하라는 뜻이에요. 이것이 우리가 드리는 마땅한 예배예요. 또 바울은 이 세대를 본받지 말라고 했어요. 오직 마음을 새롭게 함으로 변화를 받아 하나님의 뜻이 무엇인지 분별하라고 했어요.

이웃과의 관계에서는 이웃을 축복하고, 모든 사람과 더불어 화목하고, 악에게 지지 말고 선으로 악을 이기라고 했어요.

복음을 믿는 자는 하나님의 선하시고 기뻐하시고 온전하신 뜻대로 살아요. 우리도 모든 생활 속에서 하나님의 뜻대로 삶의 예배를 드리며 살아요.

선생님의 칭찬 메시지

가족과 함께 이야기해요

1 복음을 믿는 사람은 우리 몸을 하나님께 무엇으로 드리나요?

2 복음을 믿는 사람은 어떻게 살아가나요?

3 16과 실천하기의 '믿음 생활 방식표'를 가족과 함께 해요.

요절을 암송해요 로마서 12장 2절(롬 12:2)

( )는 이 ( )를 ( )지 말고	너ㅎㄴ ㅇ ㅅㄷㄹ 본ㅂㅈ ㅁㄱ
오직 ( )을 ( )게 함으로	오ㅈ ㅁㅇㅇ ㅅㄹㄱ ㅎㅇㄹ
( )를 받아 ( )의	ㅂㅎㄹ ㅂㅇ 하ㄴㄴㅇ
( )시고 ( )하시고	ㅅㅎㅅㄱ ㄱㅃㅎㅅㄱ
( )하신 ( )이 무엇인지	온ㅈㅎㅅ ㄸㅇ ㅁㅇㅇㅈ
( )하도록 하라	분ㅂㅎㄷㄹ ㅎㄹ
(( )서 ( )장 2절)	(ㄹㅁ서 __장 2절)

감사 제목 5가지를 적고, 감사를 표현해요

1

2

3

4

5

17과 교회는 왜 하나 되기를 힘써야 하나요?

고린도전서 3장 1-9절

유년부 앱(APP)을 했나요? ☐

성경이야기

하나님 나라 스토리를 읽어요 ☐

고린도교회에 어려움이 생겼어요. 그것은 교인들 사이에 "나는 바울 편이야!", "나는 아볼로 편이야!" 하며 서로 나뉘게 된 거예요. 바울은 이런 고린도교인들을 '어린아이', '육신에 속한 자'라고 했어요. 바울은 고린도교인들에게 복음의 씨를 심었고, 아볼로는 물을 주는 역할을 했어요. 하지만 이들의 믿음을 자라게 하신 분은 오직 하나님이세요. 교회의 일꾼들은 하나님의 종들이고, 하나님의 동역자들이에요. 우리는 하나님의 밭이고, 하나님의 집이에요. 교회는 하나님 나라를 위해 하나 되기를 힘써야 해요. 교회가 하나 될 수 있도록 우리도 노력해요.

선생님의 칭찬 메시지

가족과 함께 이야기해요

1. 고린도교회에 생긴 어려움은 무엇인가요?

2. 바울은 복음의 씨를 심었고, 아볼로는 물을 주었지만 믿음을 자라게 하신 분은 누구인가요?

3. 17과 실천하기를 보며 내가 교회를 위해 할 수 있는 것은 무엇인지 가족과 함께 나눠요.

요절을 암송해요 고린도전서 3장 9절(고전 3:9)

___는 ___의	우ㄹㄴ ㅎㄴㄴㅇ
___들이요	ㄷㅇㅈㄷㅇㅇ
___는 ___의 ___이요	너ㅎㄴ ㅎㄴㄴㅇ ㅂㅇㅇ
___의 ___이니라	하ㄴㄴㅇ ㅈㅇㄴㄹ
(___전서 ___장 9절)	ㄱㄹㄷㅈ서 _장 9절)

이번 달 나의 기도 제목을 적어요

18과 교회는 무엇으로 하나 되나요?

고린도전서 13장 1-7절

유년부 앱(APP)을 했나요? ☐

성경이야기

하나님 나라 스토리를 읽어요 ☐

하나님은 고린도교회 각 사람에게 서로 다른 은사를 주셨어요. 그런데 고린도교회 교인들은 서로의 은사를 비교하며 무시하거나 질투했어요. 바울은 각 사람의 모든 은사가 동등하고 소중하다고 말했어요. 그리고 더욱 큰 은사를 사모하라고 했어요. 그것은 바로 '사랑'이에요. 어떤 다른 은사도 사랑이 없으면 아무런 유익이 없어요.

사랑은 언제나 오래 참아요. 사랑은 시기하지도, 자랑하지도, 교만하지도 않아요. 사랑은 모든 것을 참고 믿고 바라는 것이에요. 우리가 서로 사랑할 때 교회는 하나가 될 수 있어요.

교회는 사랑으로 섬기며 하나 돼요.

선생님의 칭찬 메시지

가족과 함께 이야기해요

1. 성경은 사랑이 무엇이라고 말하나요?
2. 교회는 무엇으로 하나 될 수 있나요?
3. 18과 실천하기의 '하트 카드'를 가족과 함께 해요.

요절을 암송해요 고린도전서 13장 4절(고전 13:4)

은 참고
은 하며
하지 아니하며
은 하지 아니하며
하지 아니하며
(전서 장 4절)

사ㄹㅇ ㅇㄹ ㅊㄱ
사ㄹㅇ ㅇㅇㅎㅁ
시ㄱㅎㅈ 아ㄴㅎㅁ 사ㄹㅇ ㅈㄹㅎㅈ
아ㄴㅎㅁ
교ㅁㅎㅈ ㅇㄴㅎㅁ
(ㄱㄹㄷㅈ서 __장 4절)

단원 찬양을 보고 기억에 남는 단어와 가사를 적어요

5단원 찬양

19과 교회는 어떤 곳인가요?

고린도후서 4장 7-18절

유년부 앱(APP)을 했나요? ☐

성경이야기

하나님 나라 스토리를 읽어요 ☐

바울은 질그릇 같은 우리 안에 보배가 담겨있다고 했어요. 그 보배는 우리에게 구원과 영원한 영광을 주시는 예수님이에요. 우리는 질그릇 같이 연약하지만 우리 안에 보배이신 예수님이 계셔요. 바울은 복음을 전하면서 많은 어려움을 당했어요. 하지만 바울은 고난 속에서 일으켜 주시는 하나님의 능력을 경험했어요. 고난을 이기는 힘은 바울에게서 나오지 않고, 하나님으로부터 온 것이에요. 바울은 하나님의 능력으로 다시 일어나고 복음을 전하는 일을 멈추지 않았어요. 교회는 연약하지만 하나님의 능력이 나타나는 곳이에요. 우리도 연약한 존재이지만 하나님의 능력을 의지해요.

선생님의 칭찬 메시지

가족과 함께 이야기해요

1. 바울은 우리 안에 무엇이 담겨 있다고 말했나요?
2. 고난을 이기는 힘은 어디로부터 오나요?
3. 19과 실천하기의 '보배이신 예수님 그림카드'를 가족과 함께 해요.

요절을 암송해요 고린도후서 4장 7절(고후 4:7)

____가 이 ____를
______에 가졌으니
이는 심히 __ ____은
______께 있고
____에게 있지
______을 알게 하려 함이라
(______후서 __장 7절)

우ㄹㄱ 이 ㅂㅂㄹ
ㅈㄱㄹㅇ 가ㅈㅇㄴ
이ㄴ ㅅㅎ ㅋ ㄴㄹ은
ㅎㄴㄴㄲ ㅇㄱ
우ㄹㅇㄱ ㅇㅈ
아ㄴㅎㅇ ㅇㄱ ㅎㄹ ㅎㅇㄹ
(ㄱㄹㄷㅎ서 _장 7절)

이번 달 특별 미션

우리 교회 자랑을 3가지 적어보세요.

1.
2.
3.

20과 그리스도인은 어떤 열매를 맺으며 살아야 하나요?

갈라디아서 5장 16-26절

유년부 앱(APP)을 했나요?

성경이야기

하나님 나라 스토리를 읽어요

갈라디아교회에 다른 복음이 들어왔어요. 갈라디아교회 성도들은 복음이 주는 자유를 누리지 못했어요. 바울은 갈라디아교회에 편지했어요. 자유를 누리는 삶을 살려면 성령을 따라서 행해야 해요. 성령과 육체의 욕심은 항상 대립해요. 육체의 욕심을 이기는 길은 성령을 따라 사는 거예요. 육체의 욕심을 따라 사는 사람은 하나님 나라를 위해 살 수 없어요. 하지만 성령의 인도함을 받으면 성령의 열매를 맺어요. 성령의 열매는 사랑, 희락, 화평, 오래 참음, 자비, 양선, 충성, 온유와 절제예요. 예수님을 믿는 사람은 육체의 욕심을 십자가에 못 박았어요. 그래서 성령을 따라 성령의 열매를 맺을 수 있어요. 우리도 성령의 열매를 맺으며 살아요.

선생님의 칭찬 메시지

가족과 함께 이야기해요

1. 예수님을 믿는 사람은 어떤 열매를 맺나요?
2. 성령님을 따라 사는 우리가 맺는 열매를 3가지 이상 적어보세요.
3. 20과 실천하기의 '성령의 열매'를 가족과 함께 해요.

요절을 암송해요 갈라디아서 5장 22-23절(갈 5:22-23)

오직 ____의 ____는
____과 ____과
____과 오래 참음과 ____와 양선과
____과 온유와 ____니
이같은 것을 ______ 법이 없느니라
(________서 __장 22-23절)

오ㅈ ㅅㄹㅇ ㅇㅁㄴ
ㅅㄹㄱ ㅎㄹㄱ
화ㅍㄱ ㅇㄹ ㅊㅇㄱ ㅈㅂㅇ ㅇㅅㄱ
충ㅅㄱ ㅇㅇㅇ ㅈㅈㄴ
이ㄱㅇ ㄱㅇ 금ㅈㅎ ㅂㅇ ㅇㄴㄴㄹ
(ㄱㄹㄷㅇㅅ _장 22-23절)

이번 달 나의 기도 제목을 적어요

21과 그리스도인은 어떻게 승리하며 사나요?

에베소서 6장 10-17절

유년부 앱(APP)을 했나요? ☐

성경이야기

하나님 나라 스토리를 읽어요 ☐

바울은 에베소교회에 싸워야 할 대상과 방법을 알려주고 있어요. 싸움의 대상은 마귀예요. 눈에 보이지 않지만 아주 치열한 전쟁이 벌어지고 있어요. 이 영적 전쟁에서 나의 힘으로는 이길 수 없어요. 승리하기 위해서는 그리스도 안에서 강해야 해요. 그리고 바울은 승리하기 위해 하나님의 전신 갑주를 입으라고 말해요. 당시 로마 군인의 전투 복장처럼 전신 갑주를 소개해요. 진리의 허리띠, 의의 호심경, 복음의 신발, 믿음의 방패, 구원의 투구는 온몸을 방어해요. 그리고 공격무기인 성령의 검을 가지라고 해요. 우리도 하나님의 전신 갑주를 입고 영적 전쟁에서 승리하며 살아요.

선생님의 칭찬 메시지

가족과 함께 이야기해요

1. 바울은 우리에게 무엇을 입으라고 말하나요?
2. 하나님의 전신 갑주를 입은 우리는 무엇에서 승리할 수 있나요?
3. 21과 실천하기의 '전신 갑주 체크리스트'를 가족과 함께 해요.

요절을 암송해요 에베소서 6장 13절(엡 6:13)

그러므로 ______의
______ ____를 취하라
이는 ____ 날에 ____가
능히 ____하고
____ 일을 ____ 후에
____ 위함이라
(______서 ____장 13절)

그ㄹㅁㄹ 하ㄴㄴㅇ
전ㅅ ㄱㅈㄹ ㅊㅎㄹ
이ㄴ ㅇㅎ ㄴㅇ 너ㅎㄱ
ㄴㅎ ㄷㅈㅎㄱ
모ㄷ ㅇㅇ ㅎㅎ ㅎㅇ
서ㄱ ㅇㅎㅇㄹ
(ㅇㅂㅅ서 _장 13절)

단원 찬양을 보고 기억에 남는 단어와 가사를 적어요

6단원 찬양

22과 그리스도인은 어떤 모습으로 사나요?

빌립보서 4장 4-7절

유년부 앱(APP)을 했나요? ☐

성경이야기

하나님 나라 스토리를 읽어요 ☐

바울이 유럽에 세운 첫 번째 교회가 빌립보교회에요. 빌립보교회 성도들은 감옥에 있는 바울을 많이 걱정했지만, 교회 안에서 성도들은 하나 되지 못했어요. 바울은 빌립보교회 성도들에게 편지했어요. 바울은 '주 안에서 항상 기뻐하라'고 했어요. '주 안에서'는 주님과 늘 연합되어 있음을 말해요. 지금 겪고 있는 모든 상황이 역사의 주인이신 주님 안에 있다는 것을 알면 상황을 뛰어넘는 기쁨을 누릴 수 있다는 거예요.

그리고 모든 사람에게 관용을 보이라고 했어요. 관용은 온화하고 너그러운 마음, 용납하고 인내하는 마음이에요. 또한 아무것도 염려하지 말고 모든 일에 감사함으로 기도하라고 했어요. 그러면 하나님의 평강이 우리의 마음과 생각을 기쁨으로 지켜주세요.

그리스도인은 항상 모든 일에 기도하며 기쁨으로 살아요. 우리도 하나님께 구할 것을 감사함으로 기도하며 기쁨으로 살아야 해요.

선생님의 칭찬 메시지

가족과 함께 이야기해요

1. 바울은 빌립보교회 성도들에게 누구 안에서 기뻐하라고 했나요?
2. 바울은 아무것도 염려하지 말고 무엇을 하라고 했나요?
3. 22과 실천하기의 '기쁨 기도 달력'을 가족과 함께 해요.

요절을 암송해요 빌립보서 4장 6절(빌 4:6)

아무 것도 ___ ___ 하지 말고
다만 ___ ___ ___ 에
___ ___ 와 ___ ___ 로,
너희 ___ ___ 것을 ___ ___ ___ 으로
___ ___ ___ 께 ___ ___ 라
(___ ___ ___ 서 ___ 장 6절)

아ㅁ ㄱㄷ ㅇㄹㅎㅈ ㅁㄱ
다ㅁ ㅁㄷ ㅇㅇ
기ㄷㅇ ㄱㄱㄹ,
너ㅎ ㄱㅎ ㄱㅇ 감ㅅㅎㅇㄹ
하ㄴㄴㄲ ㅇㄹㄹ
(ㅂㄹㅂ서 _장 6절)

감사 제목 5가지를 적고, 감사를 표현해요

1.
2.
3.
4.
5.

종려 주일

마태복음 26장 36-46절

예수님은 고난을 앞두고 어떻게 하셨나요?

유년부 앱(APP)을 했나요? ☐

성경이야기

하나님 나라 스토리를 읽어요 ☐

예수님은 제자들과 마지막 식사를 마치신 후 함께 겟세마네 동산으로 올라가셨어요. 그리고 제자들에게 기도를 부탁하신 뒤 제자들과 조금 떨어진 곳에서 기도하셨어요. 하지만 제자들은 모두 잠이 들었어요. 예수님은 하나님께 만일 할 만 하시거든 십자가 지는 일이 없게 해달라고 기도하셨어요. 그러나 자신의 뜻이 아니라 하나님의 뜻대로 되기를 원한다고 기도하셨어요.

기도를 마치신 후 예수님은 제자들에게 "일어나라 함께 가자"고 말씀하시며 순종함으로 십자가를 지셨어요. 예수님은 하나님의 뜻대로 순종하셨어요. 우리도 예수님처럼 하나님의 뜻대로 순종하기 위해서 기도해요.

선생님의 칭찬 메시지

가족과 함께 이야기해요

1. 예수님이 기도하기 위해 가신 곳은 어디였나요?
2. 예수님이 기도하실 때 제자들은 무엇을 하고 있었나요?
3. 종려주일 공과 실천하기의 '순종의 십자가'를 가족과 함께 해요.

요절을 암송해요 마태복음 26장 39절 하반절 (마 26:39 하)

내 ☐☐☐여
만일 ☐ ☐☐☐거든
이 ☐을 내게서 ☐☐☐게 하옵소서
그러나 ☐의 ☐☐로 ☐☐☐고
☐☐☐의 ☐대로
☐☐소서 하시고
(☐☐복음 ☐☐장 39절 하반절)

내 ㅇㅂㅈㅇ
만ㅇ ㅎ ㅁㅎㅅㄱㄷ
이 ㅈㅇ 내ㄱㅅ 지ㄴㄱㄱ ㅎㅇㅅㅅ
그ㄹㄴ ㄴㅇ 원ㄷㄹ ㅁㅅㅇㄱ
아ㅂㅈㅇ ㅇㄷㄹ
하ㅇㅅㅅ ㅎㅅ고
(ㅁㅌㅂㅇ __장 39절 하반절)

한 주간동안 순종의 십자가 활동을 하고 느낀 점을 적어보세요

부활 주일

고린도전서 15장 4-8,14-19절

예수님은 어떻게 부활하셨나요?

유년부 앱(APP)을 했나요?

성경이야기

하나님 나라 스토리를 읽어요

십자가에 달려 돌아가신 예수님은 삼일 만에 부활하셨어요. 예수님의 부활을 목격한 많은 사람이 있었어요. 예수님이 십자가에 달려 죽으시고 사흘이 된 아침, 예수님의 빈 무덤과 부활하신 예수님을 만난 몇몇 여인들, 빈 무덤에 찾아간 후 예수님을 만나 베드로, 예수님이 못 박힌 손을 보여주신 도마가 부활하신 예수님을 만났어요. 그 후에 오백여 형제에게 한 번에 보이셨고, 야고보와 바울에게도 보이셨어요.

예수님은 말씀대로 부활하셨고, 예수님의 부활을 본 많은 사람이 있었어요. 이렇게 예수님은 역사 안에서 실제로 부활하셨어요. 우리도 예수님의 부활을 믿어요.

선생님의 칭찬 메시지

가족과 함께 이야기해요

1. 예수님은 며칠 만에 부활하셨나요?
2. 예수님의 부활을 목격한 사람을 적어보세요.
3. 부활주일 공과 실천하기의 활동을 가족과 함께 해요.

요절을 암송해요 고린도전서 15장 4절(고전 15:4)

지낸 바 되셨다가
대로 만에
다시 사
(전서 장 4절)

장ㅅ ㅈㄴ ㅂ ㄷㅅㄷㄱ
성ㄱㄷㄹ 사ㅎ ㅁㅇ
다ㅅ ㅅㅇㄴㅅ
(ㄱㄹㄷㅈㅅ __장 4절)

부활의 기쁜 소식을 전해주고 싶은 사람의 이름과 방법을 적고 실천해요

어린이 주일

누가복음 2장 40,42절

예수님은 어떻게 자라나셨나요?

유년부 앱(APP)을 했나요?

성경이야기

하나님 나라 스토리를 읽어요

예수님이 열두 살 때, 부모님과 함께 유월절을 지키기 위해 예루살렘으로 가셨어요. 유월절을 지키고 집으로 돌아가는데, 아무리 둘러봐도 예수님이 보이지 않았어요. 마리아와 요셉은 여기저기 예수님을 찾은 끝에 3일 만에 성전에서 예수님을 찾았어요. 예수님은 성전에서 성경을 가르치고 연구하는 선생들에게 말씀을 듣기도 하고 묻고 있었어요. 선생들은 예수님의 지혜에 깜짝 놀랐어요. 예수님은 지혜와 키가 더욱 자랐고, 하나님과 사람들로부터 사랑을 받았어요. 우리도 예수님처럼 하나님과 사람에게 사랑받는 어린이로 자라가요.

선생님의 칭찬 메시지

가족과 함께 이야기해요

1 12살이 되신 예수님은 유월절을 지키기 위해 어디로 가셨나요?

2 요셉과 마리아는 예수님을 어디에서 찾았나요?

3 어린이주일 공과 실천하기의 '사랑 화분 만들기'를 가족과 함께 해요.

요절을 암송해요 누가복음 2장 52절(눅 2:52)

는 와 가 자라가며
과 에게
더욱 스러워 더라
(복음 장 52절)

예ㅅㄴ ㅈㅎㅇ ㅋㄱ 자ㄹㄱㅁ
하ㄴㄴㄱ ㅅㄹㅇㄱ
더ㅇ ㅅㄹㅅㄹㅇ 가ㅅㄷㄹ
(ㄴㄱㅂㅇ _장 52절)

감사 제목 5가지를 적고, 감사를 표현해요

1

2

3

4

5

에베이 주일

에베소서 6장 1-4절

자녀들은 부모님께 어떻게 해야 하나요?

유년부 앱(APP)을 했나요? ☐

성경이야기

하나님 나라 스토리를 읽어요 ☐

바울은 에베소교회에 보낸 편지에서 '자녀들아 주 안에서 순종하라'고 말했어요. 우리를 길러 주시고 보살펴 주시는 부모님께 순종하는 것은 바로 하나님의 뜻이에요.

바울은 또 우리가 이렇게 주님 안에서 부모님께 순종할 때 우리가 하는 일이 잘되고, 이 땅에서 장수할 것이라고 말해요. 그리고 부모님은 오직 주님의 훈계와 가르침으로 자녀를 잘 키우라고 말해요. 부모님께 순종하는 것은 주님을 믿는 사람으로서 옳은 일이에요. 우리도 주님 안에서 부모님께 순종하고 부모님을 공경해요.

선생님의 칭찬 메시지

가족과 함께 이야기해요

1. 바울은 자녀들이 주 안에서 부모에게 어떻게 해야 한다고 말했나요?
2. 주 안에서 부모님께 순종할 때 우리는 어떤 복을 받나요?
3. 어버이주일 공과 실천하기의 '순종 사랑 카드'를 가족과 함께 해요.

요절을 암송해요 에베소서 6장 1절(엡 6:1)

　　들아 　　에서
너희 　　에게 　　하라
이것이 　　니라
(　　서 　장 1절)

자ㄴㄷㅇ ㅈ ㅇㅇㅅ
너ㅎ ㅂㅁㅇㄱ 순ㅈㅎㄹ
이ㄱㅇ ㅇㅇㄴㄹ
(ㅇㅂㅅㅅ _장 1절)

부모님께 감사한 것 3가지를 적고 부모님께 감사하다고 말해요

1.
2.
3.

"선생님이 확인해 주는"
미션북 체크리스트

1단원: 1과 2과 3과 4과

2단원: 5과 6과 7과 8과

3단원: 9과 10과 11과 12과

4단원: 13과 14과 15과 16과

5단원: 17과 18과 19과

6단원: 20과 21과 22과

특별&절기: 종려 부활 어린이 어버이

미션북을
완성했다면
스스로 매 주일
하나씩 스티커를
붙여 보세요

MISSION BOOK

9과 교회는 서로 어떻게 도와야 하나요?

학습요점

교회는
하나님 나라의 전파를 위해
서로 도와요.

미션북 체크표

10과 하나님은 우리를 어디로 인도하시나요?

학습요점

하나님은
복음이 필요한 곳으로
우리를 인도하세요.

미션북 체크표

11과 어려움이 찾아올 때 어떻게 해야 하나요?

학습요점

어려움 속에서도
찬송과 기도로
복음을 전해요.

미션북 체크표

12과 하나님 나라는 어디까지 전파돼야 할까요?

학습요점

하나님 나라는
우리를 통해 땅끝까지
전파돼요.

미션북 체크표

MISSION BOOK

가정 체크리스트

1과 예수님은 제자들에게 무엇을 명령하셨나요?

학습요점

예수님은 제자들에게 하나님 나라 전파를 명령하셨어요.

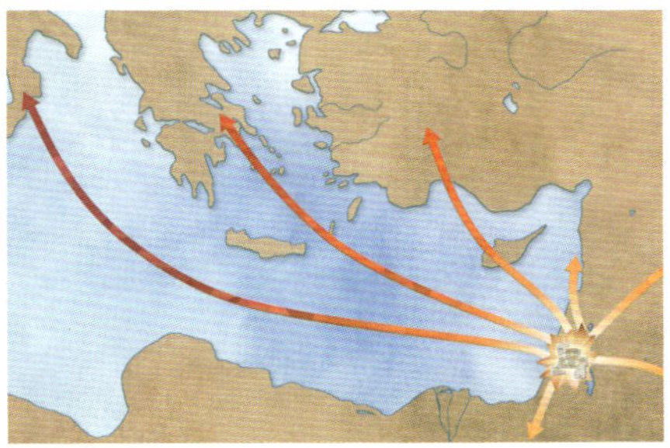

미션북 체크표

2과 교회가 해야 할 일은 무엇인가요?

학습요점

하나님 나라를 전파하는 교회는 하나가 되어 필요한 것을 나눠요.

미션북 체크표

3과 하나님 나라는 어떻게 전파되나요?

학습요점

하나님 나라는 예수님의 이름의 능력으로 전파돼요.

미션북 체크표

4과 하나님 나라를 전파할 때 무엇을 의지하나요?

학습요점

지혜와 성령의 능력을 의지해 하나님 나라를 전파해요.

미션북 체크표

유년부 3과정·1학기 학생용

교회 :

이름 :

기획 | 총회교육개발원
총회교육개발원 원장 | 노영주
총회교육개발원 차장 | 나현규
교육과정 | 김광열 김희석 김희자 신국원 유은희 이관직 조호형
공과집필 | 성초희 문성광 김온유 김지나 박혜진 문찬호 손혜인 이다현 양시온 이승영 이여름 최강현 홍은영
감수 | (교수) 김대웅 김대혁 김요섭 김희자 이상웅 이종민 조호형 황성일
(목회자) 송태근 권순웅 김종준 옥성석 오원석
교정 | 박운희 **그림** | 이무현 **표지·내지 디자인** | 지온커뮤니케이션
App 개발 | cubelean(한셈)

하나바이블

인쇄일 | 2022년 11월 11일 **발행일** | 2022년 11월 25일
편집 | 대한예수교장로회총회 교육개발원
제작 | 대한예수교장로회총회 출판부
출판국장 | 김귀분 **마케팅 부장** | 김경환
발행 | 대한예수교장로회총회
주소 | 06177 서울시 강남구 영동대로 330
전화 | 02-559-5648(교육개발원) 02-559-5655~7(출판국)
팩스 | 02-559-8490(교육개발원) 02-6940-9384(출판국)
홈페이지 | www.총회교육.com www.holyonebook.com
제조국 | 대한민국

ISBN 979-11-92120-65-2(04230)
979-11-92120-60-7(04230) 세트

값 7,500원